KB235418

심정사유의 숲길 :

삶/기술/예술에 대한 통일사상적 숙고

지은이 **조형국**

선문대학교 신학대학 졸업

한국외국어대학교 대학원 철학과에서 박사학위 취득

현재 선문대학교 문화콘텐츠학과 교수

저서로, 『하이데거의 삶의 해석학(채륜, 2009)』, 『하이데거의 철학 읽기: 일상/기술/無의
　　　사건(누미노제, 2010)』이 있으며

주요 논문으로, 「M. 하이데거: 일상의 발견(『존재와 시간』에 나타난 현존재의 일상성과
　　　결단성에 대한 분석을 바탕으로)」, 「현존재와 염려 그리고 이야기」, 「하이데거의
　　　無의 사건론(현존재의 무경험과 거주함은 무엇을 뜻하는가」 등이 있다.

심정사유의 숲길:

삶/기술/예술에 대한 통일사상적 숙고

초판 인쇄 | 2011년 8월 5일
초판 발행 | 2011년 8월 10일

지은이 | 조형국
펴낸이 | 한미경
펴낸곳 | 예나루

등록 | 2004년 1월 5일 제106-07-84229호
주소 | 서울특별시 용산구 갈월동 8-3
전화 | 02-776-4940
FAX | 02-776-4948

ISBN 978-89-93713-19-0　　00100
일원화 공급처 | (주)북새통 서울시 마포구 서교동 384-12
전화 | 02-338-0117　　　FAX | 02-338-7160~1

심정사유의 숲길 :

삶/기술/예술에 대한 통일사상적 숙고

조형국 지음

예나루

독일의 위대한 시인 휠덜린은 이런 말을 한 적이 있다. "근원 가까이 사는 자는 그곳을 떠나기 어렵다." 삶과 정신의 근원! 그 근원세계, 고향세계로의 초대는 내가 의식하지 못하는 사이에 이미 일어나고 있었다.

필자는 1992년 성화대학(현 선문대학교) 신학대학에 입학했다. 신학을 공부하면서 학창시절을 보내며 참으로 많은 고민과 방황 그리고 기쁨과 설렘도 함께 겪었다. 다른 신학대학들에서도 마찬가지겠지만 성화대 신학대학에서 필자는 성서신학, 조직신학, 교회사, 설교학 등을 열심히 배웠다. 그런데 필자는 개인적으로 1학년 때부터 들었던 (서양)철학개론 수업이 제일 반갑고 재미있었다. 그러다가 1993년, 대학 2학년을 마치고 21일 수련이 있었는데 그때 『통일사상요강』의 저자인 이상헌 선생님으로부터 처음이자 마지막으로 통일사상 강의를 듣게 되었다. 평소 신학대학 시절 문선명 선생의 말씀을 많이 읽은 터라 그 말씀의 내용에 대해 사상적 옷을 입혀 풀어내는 재미와 그 힘을 잊을 수가 없다. 그 시절 참으로 깊은 심정적 감동과 희열을 맛보곤 했다. 더 나아가 그러한 삶의 절정 경험, 심정체휼경험을 문선명 선생 말씀 공부와 더불어 그리고 그러한 내용을 신학대학 학우들과 나누며 정말 인생의 보석같은 시간을 보낼 수 있었다.

이렇듯 필자는 학부시절 신학대학에 다니면서도 철학 수업에 그렇게 흥미를 느꼈고 더불어 통일사상연구에도 나름대로 많은 관심과 시간을 투자하게 되었다. 그러다가 결국 자연스럽게 철학과에서의 개설수업인 실존철학, 분석철학 등의 수업을 듣게 되었다. 이후 군대 다녀와서 4학년으로 복학을 했다. 그때 지금은 고인(故人)이 되신 신상희 선생님께서 선문대 철학과에서 실존철학 수업을 하셨다. 그 때 선생님으로부터 본격적으로 하이데거에 대해 알게 되었다. 그 당시 인문외국어대 205 강의실에서 늦은 오후에 수업을 들으며, 지는 저녁노을을 보며, 논리적으로 명쾌하게 표현할 수 없는 그러나 가슴에 와닿고 마음에 찡하게 와닿던 그 하이데거의 말. 존재의 빛, 존재의 부름, 인간은 존재의 목동!

신상희 선생님께서도 수업 중간 중간에 창밖을 보시며 넘쳐오는 감격과 감동을 참지 못하시는지 잠시 쉬시기도 하셨다. 이렇게 선생님을 만나는 기쁨과 하이데거 철학을 배우는 즐거움을 누리며 지내다 4학년 2학기에 한국외국어대학교 철학과의 이기상 선생님을 알게 되었고 그 분의 책, 『하이데거의 實存과 言語』를 읽기 시작했다. 명쾌하게 이해하기는 어려웠지만 그 용어 하나하나에 묻어 있을 왠지 모를 숙고의 힘이 느껴졌다. 그래서 읽고 읽고 또 읽었다. 그렇게 세월을 보내다 어느덧 한국외국어대학교 대학원 철학과에 입학(1999년)을 하게 되었고 이기상 선생님으로부터 사사받게 되었다. 이 사건은 필자의 생각과 삶의 세계에 큰 전환을 가져왔고 오늘의 필자가 있게 되는 근본된 힘을 확보하게 된 사건이었다. 그래서 필자는 이기상 선생님을 뵙게 된 것을 하나님의 뜻이라고 생각하며 필자의 스승으로 자랑스럽게 모든 이들에게 소개하고 말씀 드린다. 지금 필자가 이 책에서 말하는 필자의 문제의식이라는 것, 다시 말해 "문화콘텐츠와 통일사상"이라는 것도 사실은 이기상 선생님의 문제의식에서 빌려온 것이며 그 분의 고민과 생각이 필자에게 전달된 것인지도 모르겠다. 어쨌든 필자는 그 분의 문제의식과 고민이 21세기 한국철학이 나아갈 길이며 세계화 시대에 주체적인 한국인으로 살아가는 문제에 있어 중요한 이정표의 역할을 할 수 있다고 본다. 앞으로도 필자는 이기상 선생님으로부터 배우고 또 필자 나름대로 이해한 바에 기초해서 21세기 세계화 시대에 다양한 분야에서 요구되는 한국인의 존재지혜를 찾아야 한다는 문제의식 아래 통일사상연구를 해나갈 생각이다. 한국 땅에서 잉태된 문선명 선생의 통일사상을 세계화 시대에 한국인의 존재지혜로서 세계 앞에 소개하고자 한다. 이것이 운명적으로 필자에게 주어진 현사실적 삶이라 생각한다.

돌이켜보면, 필자는 자신도 모르는 사이에 문선명 선생의 말씀의 세계, 즉 심정진리의 세계 속에서 또 그 진리의 힘에 이끌려 생각하고 공부하며 살아온 셈이다. 심정사유의 숲길을 걸어온 것이다. 너무나 감사한 일은 이러한 숲길을 걸으며 길어 올린 생각의 조각들을 국제통일사상심포지움에 참석하여 발표도 하고 또한 선문대 신학대학의 학술지에 실을 수 있었다는 일이다. 너무도 감사하고 필자에게는 분에 넘치는 은총과 축복을 받음에 어찌 감당해야 할지 모를 일이다.

2009년 선문대학교 문화콘텐츠학과에 임용된 후 문선명 선생 말씀연구와 통일사상연구에 관련된 글들을 모아 심정사유의 숲길이라고 명명해 본다. 그 숲길 속에서 호흡하며 말로 표현할 수 없는 감동과 감격 그리고 심정체휼사건을 경험할 수 있었다. 특히 필자의 부모님은 문선명 선생의 심정세계를 생활적으로 체휼할 수 있는 기반을 닦아주셨다. 내 인생 최고의 스승을 만난 것이다. 그 은혜를 어찌 말로 형언할 수 있을지 모르겠다. 그저 감사하고 감격스러울 뿐이다. 그리고 나의 현사실적 삶의 또 다른 기반인 아내 선향과 세 딸들, 예원, 예정, 예인에게도 고마움을 전한다. 이렇듯 감사하고 감격스러운 마음을 이제는 가까운 이웃들과 나누며 살아가고 싶다. 언제나 한결같은 자연, 그 속에서 만나는 단순소박한 사물들 그리고 이웃들. 이분들과 심정의 따사로움을 느끼며 복되게 살아가고 싶다.

끝으로 여기에 실린 글들의 구체적인 출처를 밝히며 머리말을 대신하고자 한다. 이 책의 글들은 한국영성학회와 통일신학연구회의 학술연구지 ─『영성연구』,『말씀과 신학』,『통일신학연구』─ 에 발표되었던 글들이다. 제1장「21세기 생명과 평화의 세계를 위한 문선명 선생의 열정」은「〈평화를 사랑하는 세계인으로〉에 대한 통일사상적 숙고 : 현대인들의 삶의 위기를 치유할 수 있는 심정적 가치의 발견」이라는 제목으로『말씀과 신학』(제14집, 2009)에 실렸던 것이고, 제2장「현대문화적 삶의 위기와 통일사상의 과제」는「현대문화적 삶의 위기와 전향 그리고 통일사상」이라는 제목으로『통일신학연구』

(제14집, 2010)에 게재되었던 글이다. 그리고 제3장 「기술시대와 심정적 삶」은 「기술과 심정(기술철학의 정초문제와 통일사상)」이라는 제목으로 『통일사상연구논총』(제14집, 2009)에 게재되었다. 그리고 제5장 「21세기 문화예술시대와 통일사상: 반 고흐(V.V.Gogh)의 예술세계에 대한 통일사상적 숙고」는 『영성연구』(제2집, 2011)에 실렸던 글이다. 각기 다른 시기와 장소에서 발표하고 게재된 글들이지만 오늘날 거대 자본의 논리에 짓눌려 심정적 가치를 잃어가는 우리들에게 통일사상이 인도하는 심정사유와 심정문화담론이 주는 울림을 함께 나누고자 하는, 심정사유의 숲길을 함께 걷고자 하는 마음으로 고민해본 흔적들이다.

아직까지는 여전히 부족하고 설익은 필자의 고민과 생각의 흔적들이다. 이 생각의 흔적들을 세상에 펼칠 수 있도록 수고해주신 예나루의 김성호 대표님께 심심한 감사의 말씀을 올린다. 자본주의의 물결이 세상을 온통 뒤덮고 있는 오늘날, 인성교육의 중요성과 인문학적 가치의 힘을 새롭게 발굴해내려는 김성호 대표님께 힘을 실어드리는 글이 되기를 바란다.

2011년, 유난히도 뜨거운 여름, 그 여름밤에 더욱 빛나는 별들을 보며 마치 반 고흐의 작품 〈별이 빛나는 밤〉에 나타난 별들을 상상해본다. 그리고 그 그림을 그릴 때 느꼈을 반 고흐의 흥분과 감격을 생각해본다. 그러한 흥분과 감격을 느끼며 산다는 것, 그 삶을 통일사상에서는 심정적 거주라고 하는 것이 아닐까. 이 땅에서의 심정적 거주의 신비함을 느끼게 해준 운명에 감사할 따름이다. 앞으로 더 깊고 넓은 통일사상에서의 심정사유의 숲길을 거닐 것을 별들을 보며 새롭게 다짐해본다.

2011년 7월, 선문대학교 아산배움터 연구실에서

조형국

차 례

제1 장
21세기 생명과 평화의 세계를 향한 문선명 선생의 열정

1. 『평화를 사랑하는 세계인으로』는 무엇을 말하는가

지금으로부터 110여 년 전 니체가 예언했고 최근에 역사학자 프란시스 후쿠야마가 다시 인용한 적이 있는『역사의 종말』[1]에 나타날 가슴이 없는 육욕주의자들이 '초월(성스러움)'을 추방하고 세속에서의 감각적 쾌락을 추구해온 지난 20세기 그리고 그러한 20세기를 문명과 야만의 역사로 장식해온 인류는 이제 내팽개친 '초월'을 **다시** 회복해야 함을 절실히 통감하고

---

1) F. 후쿠야마,『역사의 종말』, 이상훈 옮김, 한마음사, 2003.

있다. 파괴되어가는 생태계, 지구온난화, 기계화된 인간, 가정의 해체, 성스러움의 상실 등 일일이 열거할 수 없을 정도의 많은 문제들이 우리의 삶을 총체적으로 위협하고 있다. 이러한 삶의 위기와 위험이 전 지구적으로 확산되어가는 오늘날, 우리는 한국인의 존재지혜로 21세기 인류의 새로운 방향과 갈 길을 제시하는 혜안이 담긴 한 권의 책을 접하게 되었다. 바로 **문선명 선생**의 『**평화를 사랑하는 세계인으로**』.

　　이 책은 문선명 선생 자신의 삶과 사상의 편린들을 솔직 담백하게 그려내고 있다. 필자는 이 책을 읽으면서 선생의

하늘로부터의 소명을 받았던 어린 시절부터 오늘에 이르기까지의 생애의 중요한 단편들을 읽을 수 있었고 그러한 삶에서 우러나온 선생의 심정과 참사랑의 삶, 즉 위하여 사는 삶의 큰 지혜를 배울 수 있었다. 그러한 선생의 심정의 철학과 참사랑의 지혜를 오늘날 현대문화적 삶의 위기 시대에 새로운 한국 사상, 한국철학으로서 선생의 통일사상을 생각해보며 이 시대, 지성인의 진정한 역할과 사명이 무엇인지에 대해 다시 한 번 곱씹어보고자 한다.

2. 현대인들의 삶의 위기

무한경쟁과 자본의 힘의 논리에 바탕하여 더 많은 희생양을 요구하는 현대문화적 삶의 방식 속에서 우리는 심정적 존재로서의 인간의 삶의 의미를 잊고 사는 것은 아닌가? 과학기술만능시대, 배금주의 그리고 실증주의적 사고방식에 물든 수많은 현대인들의 과학적 신앙이 종교적 신앙의 자리를 대체한 삶의 물결 속에서 심정적 존재로서의 인간 거주함의 참뜻을 되새기는 일은 한가한 자들의 소일일 뿐인가? 존재중심(無제거), 이성중심(영성배제), 인간중심(자연도구화)에 토대를 둔 근·현대문명의 연장 속에서 펼쳐지는 오늘날, 우리들의 일상적 삶의 모습은 어떠한가? 21세기 새로운 디지털문명과 삶의 질을 운운하며 오늘날 많은 사람들이 관심을 기울이고 있는 바는 무엇인가? 한 트렌드 전문가는 오늘을 사는 우리들의 욕망의 지도를 **스마트**(친절한 테크놀로지), **청춘**(시간의 멋진 역주행), **커넥팅**(따뜻한 네트워크), **체험**(날것에의 매혹), **위로**(내 마음속의 보호막), **레벨업**(더 사치스런 일상), **크로스브리딩**(교배하는 세상) 등으로 보여주고 있다.[2] 하지만 이러한 욕망의 지도에 대한 분석들은 우리들의 몸의 욕망과 그 욕망을 채워줄 수 있는 기술과 상품들의 세계만을 보여주고 있는 것은 아닌가?

오늘날 우리들의 삶의 세계는 날로 새롭게 진화해가는 디지털기술과 몸의 욕망의 환상적인 랑데부에 의해 열어 밝혀진 일상이라 할 수 있다. 이러한 일상적 삶 속에서 많은 사람들은 물질주의와 소비주의 그리고 향락주의의 물결 가운데 몸의 욕망을 충족시키는데 허덕이며 살아가고 있다. 그 결과 진정한 웰빙은 커녕 각종 질병과 인간성과 성스러움의 상실 그

---

2) 김경훈, 『대한민국 욕망의 지도』, 위즈덤하우스, 2006, 50~57 참조.

 심정사유의 숲길 : 삶/기술/예술에 대한 통일사상적 숙고

리고 성윤리의 파탄과 가정의 해체가 증가하는 세상이 되어가고 있다. 이러한 시대적 분위기를 전환시키기 위해 문선명 선생은 근본적으로 다음과 같은 입장을 취하고 있다.

"마음을 맑게 닦으려면 세상과 떨어져서 나와 내 마음, 단 둘이 대면하는 시간이 반드시 있어야 합니다. 무척 외로운 시간이기는 하지만 마음과 친해지는 순간이야말로 나 자신이 마음의 주인이 되는 기도의 자리이며 명상의 시간입니다. 주위의 소란스러움을 물리치고 생각을 차분하게 가라앉히면 마음속 가장 깊은 곳이 보입니다. 마음이 가라앉는 그 깊은 자리까지 내려가기 위해서는 많은 시간과 공력을 들여야 합니다. 하루아침에 이루어지는 일은 없습니다."[3]

"어른들의 불륜과 문란한 성도덕은 가정을 파괴하고 아이들을 망칩니다. 불륜과 문란한 사생활은 아이들의 생명을 죽이는 일입니다. 현대사회가 물질적으로 풍요로운 만큼 행복하지 못한 것은 모두 가정이 망가진 탓입니다. 가정을 구하기 위해서는 먼저 어른들이 반듯하게 살아야 합니다."[4]

---

3) 문선명, 『평화를 사랑하는 세계인으로』, 김영사, 2009, 258.
4) 문선명, 같은 책, 235.

　　필자는 위에 인용한 문선명 선생의 이러한 인간 이해와 가정관을 한마디로 '**근원으로 돌아가기**'로 표현할 수 있다고 생각한다. 인간의 근원, 즉 마음의 발견과 참가정의 회복말이다. 많은 현대인들은 물질적 풍요와 가정의 해체, 성스러움의 상실 속에 사실은 심정과 참사랑적 존재로서의 가치를 상실한 채 칠흑같이 어두운 삶을 살고 있는 것이다. 인간은 결코 물질적인 외적 가치로만 웰빙할 수 없다. 문선명 선생에 의하면, 인간은 참된 가정 속에서 참된 인간으로 성장할 수 있다.[5]

3. 현대문화적 삶의 위기와 최후의 인간

필자가 이 책, 『평화를 사랑하는 세계인으로』를 읽으면서 줄곧 한 생각이 있다. 그것은 바로 문선명 선생의 삶의 모습과 철학에 비추어보면, 오늘날 현대인들의 삶의 세계에서의 (이기적) 개인주의와 왜곡된 성(性)문화 그리고 생명 죽임의 현실 등의 다양한 삶의 위기들은 결국 하나님과의 관계 상실, 즉 인간의 본연의 가치를 잃어버린 삶의 모습들이라는 점이다. 이

---

5) 문선명, 같은 책, 5장(참된 가정이 참된 인간을 완성한다) 참조.

를 현대인들의 고향상실의 삶이라고도 명명해 볼 수 있을 것이다. 삶의 중심가치, 심정의 고향을 잃어버린 채 오로지 물질적, 신체적 가치만을 성공의 척도로 삼는 삶의 결과 아니겠는가. 이렇듯 고향을 상실한 현대인들에 대해 필자는 〈최후의 인간〉이라고 불러본다. 물론 이 용어는 니체에 의해 사용되었으며 최근에는 프란시스 후쿠야마가 『역사의 종말』에서 니체를 인용하여 썼던 용어이기도 하다. 그렇다면 역사의 종말기에 나타나는 최후의 인간은 어떠한 인간을 말하는 것인가? 막스 베버(Max Weber, 1864~1920)는 '엄청난 문화발전의 최종단계에 기계화된 화석인간'이 나타날지도 모른다고 말한 바 있다. 그가 말한 화석인간은 정신이 없고 감정이 없는 육욕주의자를 뜻한다. 베버는 인류문명발전의 마지막 단계에 정신이 없는 전문가, 감정이 없는 육욕주의자가 나타날 것이라고 보았던 것이다.

올더스 헉슬리 역시 『멋진 신세계』에서 이처럼 감정이 없는 육욕주의자들을 비슷하게 그린 적이 있다. 거기에 나오는 사람들은 "우리는 행복을 발견하였다.", "우리는 행복하다."를 외치며 그러한 착각 속에서 살아가고 있다. 이것이 오늘 우리사회와 어떤 관련이 있는가? 우리 한국사회도 이제 비슷한 길로 접어들어 가고 있는 것 같다. 우리 사회의 많은 사람들이 소위 가치 있는 것들로 돈, 건강, 외모, 쾌락, 정력을 얘기하고 있다. 성형외과를 찾아가 몸 전체를 뜯어고치고 있으며, 다이어트산업이 불황을 모르고, 비싼 화장품이 잘 팔리는 등 오직 외적인 것에만 신경을 쓰며 외적인 것으로 사람들의 관심을 끌려고 하는 분위기가 드세다. 『소유냐 존재냐(To have or To Be)』에 나타난 에리히 프롬의 고민이 무색할 정도로 마치 누군가에게 잡혀 먹히기를 바라며 몸−가꾸기에만 정신이 팔려 있다. 이러한 상황에서 우리들도 니체가 예언한 '최후의 인간'과 같은 삶을 살고 있지 않다고 누가 장담할 수 있겠는가. 우리의 삶을 지탱해주고 건강하게 받쳐주는 근원적인 관계를 상실한 '최후의 인간'들은 이제 다시 **마음의 가치**를 발견하고 위하여 사는 **참사랑의 삶의 길**을 모색함으로써 새로운 희망의 역사를 써가야 할 것이다.

일찍이 횔덜린은 "위험이 있는 그곳에 그러나 구원의 힘도 함께 자라고 있다."라고 했다. 그렇다면 오늘 이 궁핍한 시대에 구원의 힘은 어디로부터 자라고 있는가? 오늘을 사는 우리들의 정서적 우울과 심정적 허무감을 치유할 생명수는 어디에서 길어 올려야 하는가?

4. 21세기 왜 문선명 선생의 통일사상인가

필자가 지금까지 이야기한, 현대문화적 삶의 위기들은 한마디로 이성중심, 존재중심, 인간중심의 세계관 속에서 계몽의 빛만을 자랑하며 일체의 '초월'의 가치를 배제하려고 애써온 (서구)지성사의 결과이다. 세속도시적 삶을 세련되게 가꾸는데 온 힘을 쏟은 현대인들은 아이러니하게도 오히려 자기상실, 가정의 해체 그리고 환경문제로 육체적 그리고 정신적 고향을 상실해 가고 있다. 이러한 상실자, 소외자, 방랑자들에게 문선명 선생의 통일사상은 심정의 하나님과 심정적 존재로서의 인간의 관계회복과 그러한 관계회복을 통한 심정적 삶과 가정의 건설로 이어져 평화세계로 되돌아갈 수 있는 이정표의 역할을 할 수 있을 것이다.

끝으로 필자는 『평화를 사랑하는 세계인으로』에 나타난 문선명 선생의 생명(영성)과 평화의 사상을 선생의 통일사상[6]과 연관하여 다시 한 번 생각해보며 21세기 왜 문선명 선생의 통일사상이 현대인들의 삶과 문명의 위기를 치유할 수 있는 궁극적인 지혜가 되는가를 피력하며 마무리할까 한다.

---

6) 선문대학교/통일사상연구원, 『통일사상요강(두익사상)』, 선문대 출판부, 2007 참조.(이하 『통일사상요강』으로 표기)

문선명 선생께서는 하나님의 본질을 심정이라는 개념으로 붙잡았다. 그리고 우리가 사는 현실의 온갖 문제들에 대한 해답으로 심정과 참사랑의 논리를 찾으신 것이다. 그리고 그 논리대로 사시는 모습을 우리들에게 구체적으로 심정진리의 실천을 통하여 보여주고 계시는 것이다. 그래서 그렇게 사시는 문선명 선생의 삶의 철학이 곧 통일사상인 것이다.[7]

---

7) 다음 그림에서 알 수 있듯이, 필자는 문선명 선생의 통일사상을 선생의 16세 때 예수님과의 영적인 만남사건이후 전개된 심정진리(체휼)사건에 그 뿌리를 두고 있다고 생각한다. 따라서 문선명 선생의 통일사상을 제대로 이해하기 위해서는 이 심정진리(체휼)사건에 대한 심정적 이해가 수반되어야 할 것이다. 자고로 깊은 사상과 철학적 사유의 뿌리에는 이러한 진리사건이 내재되어 있다. 철학사에 잘 알려진 비근한 예로 우리는 파스칼의 결정적 회심 사건을 들 수 있을 것이다. 파스칼이 성령의 뜨거운 불을 받은 사건을 참조해보며 우리는 문선명 선생의 심정진리(체휼)사건이 갖고 있는 철학적 내지 종교적 의미를 되새겨 볼 수 있을 것이다. 안병욱, 『빠스깔사상(안병욱전집11)』, 삼육출판사, 1990, 128~129.

불
아브라함의 하나님, 이삭의 하나님, 야곱의 하나님.
철학자 및 식자의 하나님이 아니다.
확실, 확실, 감지, 환희, 평화.
예수 그리스도의 하나님.
나의 하나님, 즉 너희들의 하나님.
너의 하나님은 나의 하나님이 되리라.
하나님 이외의, 이 세상 및 모든 사물에 대한 망각.
신은 복음에 표시된 길에 의해서만 발견된다.
인간의 혼의 위대함이여.

<문선명 선생이 16세 되던 해, 부활절 묘두산에서 예수님을 영접한 사건>

의로운 아버지시여, 세상은 당신을 전혀 알지 못하여도 저는 당신을 알았습니다.
환희, 환희, 환희, 환희의 눈물.
나는 그에게서 떠나 있었다.
생수의 원천인 나를 버렸도다.
나의 하나님, 어찌 저를 버리시나이까.
원컨대 나는 영원히 그에게서 떠나지 않겠다.
영원의 생명은, 유일의 진정한 하나님이신 당신과, 당신이 보내신 예수 그리
　　스도를 아는 데 있다.
예수 그리스도.
예수 그리스도.
나는 그에게서 떠나 있었다. 나는 그를 피하고, 버리고 십자가에 못박게 하였다.
원컨대 나는 절대로 그에게서 떠나지 않겠다.
그는 복음에 표시된 길에 의해서만 보존된다.
일체를 흔연히 포기할 것.
예수 그리스도와 나의 지도자에 대한 완전한 복종.
지상의 시련의 하루에 대한 영원의 환희.
나는 당신의 말씀을 잊지 않겠습니다. 아멘.

보이지 않던 하나님의 심정이 억제할 수 없는 충동으로 인해 창조의 신비로 나타나고 지금도 그 창조의 수고는 계속되고 있듯이 이제 우리들의 심정이 활활 타올라서 21세기를 위한, 후천시대를 위한, 인류가 혼돈 속에 그토록 염원하던 생명(영성)과 평화의 시대를 개문하는 **생각**을 잉태해야 할 때가 바로 지금이다. 새로운 시대를 예비하는 소수의 그 노력, 그 피와 땀으로 역사는 새로운 희망의 역사로 이어지는 것이 아니겠는가. 누가 알아주지 않아도, 보상해주지 않아도 나의 깊은 곳에, 우리의 삶 속에 와—닿아 폭발하고 있는 이 하나님의 심정을 사건화시켜 바깥으로 드러내야 할 때가 왔고 그것이 곧 우리의 시대적, 학문적 사명이 아니겠는가. 필자는 바로 그러한 우리의 시대적, 학문적 과제를 문선명 선생의 **통일사상 연구**라고 본다. 20세기 말 21세기 초, 엄청난 전환기적 시대를 맞아 전 세계가 거대한 소용돌이 속에서 휘몰아 뒤넘이 치면서도 생각하는 사람들에 의해 생명사건학(김지하)이니 은닉사건학(롬 바흐) 혹은 존재사건학(하이데거)이라는 이름으로 탈중심시대에 중심잡기를 하려는 노력들이 있지만 각각이 시대적, 공간적인 한계로 인해 동서통합적인 큰 사유의 틀에서 부족한 점을 드러내고 있는 것이 사실이다. 그러한 부족한 점들을 메우기 위해 알아들은 자들은 또 노력을 할 것이다. 그러한 다양한 노력들은 21세기적 참된 삶살이(웰빙)를 지향하는 학문적, 실천적 노력들이다. 그런데 문선명 선생의 통일사상의 입장에서 볼 때, 참된 삶은 성상적 가치와 형상적 가치가 조화통일을 이루는 데서 가능한 것이다. 몸(형상적 가치)만 가꾼다고 해서 웰빙이 되는 것이 아니다. 마음과 영성의 **새로운 부활**, **심정적 가치의 발견**이 함께 이루어져야 하는 것이다. 이러한 통합적인 큰 안목에 바탕해서 과학적 사실을 기술하면서도 형이상학적 사색이 균형있게 어우러진 學問, 바로 문선명 선생의 통일사상을 구성해내야 하는 일은 문선명 선생의 심정 진리의 맛을 먼저 본 사람들의 시대적이고도 역사적인 사명일 것이다. 앞으로 생명과 영성 그리고 하나님(靈界)에 관한 모든 담론들은 이 문선명 선생의 '심정'개념을 둘러싼 거인들(사유가)의 대결이 될 것이다. 심정체휼사건이 일어나고 있는 심정적 존재로서의 **인간의 출현**은 인류의 마지막 구원의 가능성이며 우주진화의 꽃이다. 심정적 인간은 자신의 내부에서 하나님을 발견하고 그 발견한 하나님의 **의미**를 겸허한 마음으로 서로서로 나누면서 텅 빈 충만의 삶을 사는 지혜로운, 철든, 삶을 제대로 아는 사람인 것이다. 문선명 선생은 바로 이러한 참사람, 참사람으로 구성된 참가정, 참가정의 회복으로 평화세계를 이루시려고, 90평생을 끝없는 박해와 시련에도 굴하지

않고 당당하게, 큰 생각과 행동으로 평화를 사랑하는 세계인
으로 살아오신 것이다.

제2장
현대문화적 삶의 위기와 통일사상의 과제

현대인의 나약함은
바로 시대 운명의 진정한 모습을
바라볼 수 없는 무능력에 있다.(M. Weber)

창조본연의 인간들로 구성되는 사회에 있어서는
知的, 情的, 義的 활동의 원동력이 심정이요, 사랑이기 때문에
학문도 예술도 규범도 모두 심정이 그 동기가 되고
사랑의 실현이 그 목표가 된다.
그런데 학문분야, 예술분야, 규범문화의 총화, 즉
인간의 지적, 정적, 의적활동의 성과의 총화가
바로 文化(文明)인 것이다.(『통일사상요강』, 70)

1. 현대문화적 삶의 현주소와 심정적 가치의 발견

이 장(현대문화적 삶의 위기와 통일사상의 과제)에서 필자는 앞서 평화를 사랑하는 세계인으로 살아오신 문선명 선생의 삶과 철학이 다름 아닌 통일사상이라고 보고 이 통일사상의 관점에서 지난 20세기를 통해 전 세계로 퍼져나간 서구(근·현대)적 삶의 논리와 문법이 왜 결국 **허무주의의 문화**로 전락될 수밖에 없었는가에 대해 분석해 보고자 한다. 더불어 많은 지성인들이 앞으로 우리가 살아가야 할 21세기를 생명과 영성의 시대, 즉 새로운 정신성의 시대로 생각하는가에 대해 통일사상의 입장에서 학문적 담론을 모색해 보는 데 있다. 필자의 이러한 문제의식은 우리가 살고 있는 이 시대가 절실히 요구하는 학문적 그리고 생활세계적 사태(Sache)이기에 이에 대해 많은 과학자, 철학자들뿐만 아니라 종교인, 미래학자들이 너나할 것 없이 인종과 종교 그리고 국경을 넘어 또한 학제간의 연구를 통해 다양한 응답을 내놓고 있는 실정이다. 한국에서도 조금 늦은 감이 있지만 지난 90년대 초반부터 다양한 생명과 환경철학 그리고 영성과 평화의 철학 논의를 통해 21세기를 위한 새로운 삶의 논리와 문법을 모색하려는 운동이 활발히 일어나고 있다.[8]

이와 같이 전 세계의 많은 지성인들이 21세기를 위한 새로운 생명의 철학, 영성의 문화를 모색해 가고 있는 오늘날, 통일사상을 연구하는 우리들은 어떠한 學적인 구성작업을 통해 세상과 대화하고 또 그들을 설득할 수 있을 것인가? 사상은 그 시대의 아들일 수밖에 없으며 삶의 온갖 문제와 씨름하는 가운데 잉태되는 정신적 노작(勞作)임을 상기해 본다면, 오늘날 통일사상연구자들 역시 21세기라는 실존적 상황이 제공하고 있는 환경과 생태(생명)의 문제, 인간성 상실과 더불어

---

8) 한국철학계에서도 많은 사람들이 21세기 제일철학으로 생태철학 혹은 생명철학을 들고 있다. 철학이 우리의 삶과 밀접한 연관이 있음을 생각할 때, 지금 우리 시대의 핵심문제가 바로 생태계문제요 생명문제이며 더 나아가 영성의 문제인 것이다. 그리고 이러한 문제의식과 연계되어 그 동안의 서양철학에서 말한 이성적 존재, 다른 존재자들의 주관자로서의 인간 이해에서부터 벗어나고자 하는 움직임이 일어나고 있다. 그 동안의 이성적 존재에서 비롯되는 인간중심주의에서 생태중심주의 혹은 생명중심주의에로 전향이라는 문제의식은 많은 공감을 얻고 있다. 이러한 문제의식을 바탕으로 주체적으로 사유함을 통하여 그 동안 서양에서의 생명에 대한 논의와 동양에서의 생명이해 그리고 생명에 대한 지금 우리의 삶 속에서의 일상적 이해 등을 통전적 시각으로 논의한 글들이 많이 나오고 있다. 우리사상연구소 편, 『생명과 더불어 철학하기』, 철학과 현실사, 2000; 이기상, 『다석과 함께여는 우리말 철학』, 까치, 2004 참조. 그리고 2008. 5. 27~29일까지 한국학중앙연구원이 주최한 〈문명과 평화 국제포럼〉에서 특별히 초점을 둔 주제가 '환경과 생태'인 것에서 알 수 있듯이 그 동안 "물질적 번영에 골몰하는 인류 문명에 대한 반성을 토대로 환경과 생태 문제를 돌아보고, 이를 통해 평화 구축에 대한 진지한 견해"를 모색해 보자는 문제의식이 부각되고 있음을 우리는 알 수 있다. 세계일보, 2008. 5월 20일, 23면.

현대문화에 짙게 깔려있는 허무주의적 분위기를 극복할 수 있는 대안모색과 새로운 삶의 문화운동을 성실히 수행해야 할 것이다.

이러한 문제의식 아래 필자는 지난 20세기 한국 땅에서 **문선명** 선생에 의해 잉태된 말씀과 실천의 내용을 **심정진리사건**이라 규정짓고 그 심정이라는 개념이 함의하고 있는 생명철학적, 영성문화적 성격을 부각시켜보고자 한다.[9] 이러한 큰 담론을 구성하기 위해 먼저 1. 지난 20세기를 반성해 보는 계기로서 니체와 허무주의에 대해 생각해 보고자 한다. 지난 과거에 대한 반성 없이는 새로운 미래를 생각할 수 없듯이 우리가 살아온 20세기 현대문화가 왜 허무주의 문화로 전락할 수밖에 없었는가에 대해 되돌아보고자 한다. 그리고 20세기 현대문화가 지니고 있는 **허무주의의 뿌리**에 대해 이론적 고찰을 시도해보고자 한다. 그러한 이론적 고찰에서 필자는 니체와

---

9) 필자는 문선명 선생의 말씀과 (평화)운동을 아울러 심정진리사건이라고 본다. 이는 하나님의 심정이 문선명 선생을 통하여 현실세계에 사건으로 드러남에 주목하여 표현한 용어이다. 따라서 통일사상도 심정진리사건에 포함되며 심정사상, 심정철학이라 명명할 수도 있다고 본다. 이러한 내용과 필자의 문제의식에 대한 자세한 내용은 다음을 참조. 문선명, 「체휼신앙의 중요성」, 『문선명선생말씀선집 40』, 성화사, 1971; 문선명, 「절대적 가치관」, 『문선명선생말씀선집 122』, 성화사, 1982; 조형국, 『心情과 解釋 (문선명 선생의 심정사건학)』, 선문대학교 출판부, 2009.

더불어 20세기 현대문화상황을 결정지은 세 이론가, 즉 마르크스(K. Marx), 다윈(C. Darwin) 그리고 프로이드(S. Freud)에 대해 논구하고자 한다. 다음으로 2. 허무주의를 극복할 수 있는 새로운 轉向을 위한 힘과 지혜를 통일사상의 입장에서 논의해보고자 한다. 특별히 心情的 存在로서의 인간의 사유와 생활의 힘으로서의 訓讀文化(뜻새기는 사유의 삶의 방식)가 지니는 시대적 의의와 심정적 삶과의 영향연관에 대해 고찰하고자 한다. 마지막으로 3. 통일사상이 지향하는 3대 축복(3 Great Blessing)의 삶의 방식을 통한 심정문화세계 창건이야말로 21세기 인류가 지향해야 할 문화적 지향점이며 이 시대 통일사상연구자들의 사유를 결집시켜야 할 궁극적 사태임을 역설할 것이다. 이 시대 통일사상연구자들은 심정사건의 진리(심정사건학)가 제시하고 있는 이 시대를 위한, 이 시대를 넘어선 예언자적인 통찰에 대해 다시 한 번 주목해야 할 것이다.

2. 현대문화적 삶(허무주의)의 뿌리

1) 〈신은 죽었다(Gott ist tot)〉

필자는 오늘날 서구를 통해 전 세계로 영향력을 미치는 현대문화적 삶의 세 축을 **개인주의**와 **프리섹스** 그리고 **인간중심**의 문화로 본다. 그런데 이러한 소외와 폭력의 문화적 성격을 배태한 현대문화적 삶의 방식은 통일사상의 입장에서 보자면, 바로 하나님의 **3대 축복의 가치(The Value of 3 Great Blessing)**를 잃어버린 결과이다. 우리가 이 세 가지 삶의 축의 공통점을 잘 생각해보면 알 수 있듯이 현대문화적 삶은 한마디로 神을 쫓아내버린, 하나님이 떠나버린 인간의 욕망의 시장에서 벌어지고 있는 생활인 것이다. 서양철학사적으로 볼 때, **허무주의의 뿌리**는 **신의 죽음**과 깊은 관련이 있다. 니체(F. Nietzsche)는 '신의 죽음'이라는 사태(Sache)를 다음과 같이 서술한다.

"만약 신들이 존재한다면, 나는 내가 신이 아니라는 사실을 어떻게 참고 견뎌낼 수 있겠는가! 그러니 신들은 존재하지 않는다. 실로 나는 이 같은 결론을 끌어냈다. 이제는 그 결론이 나를 끌고

간다. 신은 일종의 억측이다. 그러나 그 누가 이 억측이 일으키는
번민 모두를 마시고도 죽지 않을 수 있으랴? 창조하는 자에게서
신념을, 독수리에게서 높이 날 수 있는 비상의 자유를 빼앗아야
하는가? 신이란 올곧은 것 모두를 왜곡하고, 서 있는 것 모두를
비틀거리게 만드는 하나의 이념일 뿐이다."[10]

　　허무주의는 사실 서서히 보이지 않는 마수를 오래 전부
터 뻗쳐왔다. 허무주의의 마수가 효력을 발휘하기 위해서는
제일 먼저 신을 쫓아내야 하는 것이다. 신을 우리의 일상생활
안에서 쫓아내야만 한다. 하이데거(M. Heidegger)에 의하면,
니체는 서양 형이상학사에서 근대 형이상학의 마지막 완성자
이다.[11] 사실 서구 근대화의 전 과정이 이미 신을 서서히 목
조르면서 죽여 온 역사적인 과정이었던 것인데 어쩌면 중세
때 이미 신을 위한 교수대(단두대)가 마련되었다고 할 수 있
다. 그것은 바로 토마스 아퀴나스(T. Aquinas)가 신 존재 증명
을 위한 다섯 가지 길이 있다고 했을 때 이미 시작되었던 것

---

10) F. 니체, 『권력에의 의지(Der Wille zur Macht)』, 강수남 옮김, 청계,
　　1986, 141~142.

11) M. Heidegger, Nietzsche I, II, Neske: Pfullingen, 1961; "Nietzsches
　　Wort 'Gott ist tot'", Holzwege (GA5), Vittorio Klostermann: Frankfurt
　　a. M., 1977; "Die Zeit des Weltbildes", Holzwege (GA5), Vittorio
　　Klostermann: Frankfurt a. M., 1977 참조.

이다. 그때 그는 이미 다섯 개의 신의 관을 짜고 있었던 것이다. 신 존재 증명을 위한 다섯 가지 길, 그것은 역으로 만약 그 다섯 가지 길이 잘못된 길이든, 그 길로써 신을 증명할 수 없다고 한다면 신은 존재하지 않는 것이 된다. 서구신학에서 인간의 이성을 총동원하여 마련한 신 존재증명을 위한 다섯 가지 길, 그러나 그런 방식으로는 신 존재 증명을 할 수 없다는 것이 칸트 이후 공공연한 이해가 되어버렸다.

사실 토마스 아퀴나스 자신도 말년에 자신이 신에 대해 쓴 그 모든 것이 쓰레기에 불과하다고 개탄하지 않았던가. 하나님과의 합일이라는 영적 체험을 한 뒤 그는 자신의 평생의 신학자로서의 모든 노력이 헛되었음을 고백했던 것이다. 바로 이렇게 중세 자체가 신에게 접근할 수 있는 유일한 길로 이성적인, 합리적인 길만을 생각했던 것이다. 다시 말해, 오직 이성적인 길, 합리적인 길, 논리적인 길, 계산의 길로만 신에게 이를 수 있다고 여겼던 것이다. 중세 자체가 소위 말하는 앎과 믿음, 그 둘을 결합시킨다고 하면서 모든 믿음을 합리화시키려 노력했던 것이라고 할 수 있다. 그 노력의 결실이 근대에 꽃피게 되고 그것은 결국 신의 죽음의 선포와 더불어 20세기 신 죽음의 신학(死神神學)으로까지 연결되었던 것이다. 합리화시킬 수 있는 믿음만을 믿음이라 본 것. 머리, 두뇌, 이성으로만 하나님에게 이를 수 있고 경험할 수 있다고 본 것, 그 것이 바로 하나님에게로 가는 참된 길을 차단해 버린 셈이 되었다. 하나님에 이르는 다른 모든 길들을 배제하였기 때문에 그 길만을 따라갔는데, 그 길의 끝에 하나님은 없고 고무풍선처럼 부푼 인간의 욕망과 오기만이 떡 버티고 서 있었던 것이다.

2) 마르크스, 다윈, 프로이드와 20세기 현대문화

기독교와 플라톤의 철학(신학)으로 열어 밝혀진 서양에서 신의 죽음이 선포되고, 서양 형이상학의 역사 속에서 存在—神—論적 구성틀(Die Onto—Theo—Logische Verfassung der Metaphysik)속에 갇혀버린 하나님은 이제 박제화되어 박물관에 전시된 채 가끔 오는 관람객들을 위한 문화적 액세서리가 되어 버렸다.[12] 이러한 시대적인 물결에 힘입어, 20세기에 들어서는 더욱 거세게 실증주의적 경향 혹은 무신론적 경향이 학문세계뿐만 아니라 생활세계에까지 깊게 침투되었던 것이

---

12) M. Heidegger, "Die Onto—Theo—Logische Verfassung der Metaphysik", Identität und Differenz(GA11), Neske Pfullingen, 1978, 64~65; 신상희, 『하이데거와 신』, 철학과 현실사, 2007, 127~161 참조.

다. 이를 후썰(E. Husserl, 1859~1938)은 『유럽학문의 위기와 선험적 현상학(Die Krisis der europäischen Wissenschaften und die transzendentale Phänomenologie)』을 통해 극복해 보려 한 것이다.

　　이러한 현대문화적 삶의 상황 속에서 20세기 프랑스가 낳은 세계적인 철학자인 폴 리쾨르(P. Ricoeur)에 의하면, 20세기 현대문화적 상황을 결정한 세 사상가는 바로 마르크스, 니체 그리고 프로이드이다. 리쾨르는 이들의 공통적인 학문적 경향을 일컬어 '**의심의 해석학(Hermeneutics of doubt)**'이라 부른다.[13] 니체의 허무주의에 관해서는 앞에서 논구하였기에 여기에서 필자는 니체 대신 다윈을 함께 생각해 보고자 한다. 찰스 다윈은 단순한 생물학자라고 볼 수 없다. 다윈의 『종의 기원(The Origin of Species)』의 논리 밑바탕에는 자연선택, 생존경쟁이라는 투쟁을 바탕으로 한 **세계관(자연관)**이 전제되어 있는 것이다. 그래서 다윈은 생명도 하나님의 창조에 의한 것이 아니라 생존경쟁에 의해 진화할 뿐이며 따라서 우월한 자가 열등한 자를 지배하게 된다는 논리를 펴고 있는 것이다. 이러한 다윈이즘은 마르크스주의의 길을 안내했던 것이며 또

---

13) P. Ricoeur, 『해석의 갈등(The Conflict of interpretations)』, 양명수 옮김, 문학과 지성사, 1994 참조.

한 인종우월주의까지 야기시켰던 것이다. 이들 마르크스주의, 다윈주의, 프로이드주의는 서로가 서로에게 강한 영향을 미치며 지난 세기 현대문화의 지형을 결정지었던 것이다. 21세기를 살고 있는 지금, 한국의 대학가에서는 아직도 이 마르크스의 방법론과 프로이드 문화이론으로 한국인인 우리의 삶과 인간 읽기 그리고 종교현상마저 난도질하고 있는 풍경이 즐비하다. 이러한 사정은 대학원 석, 박사과정으로 갈수록 더하니 도대체 우리는 누구의 생각으로 문학과 창작을, 철학과 종교(신학)를 공부하고 있는 것인가?

우리는 이제 통일사상, 즉 심정과 참사랑의 눈으로 지난 20세기의 생각인 이 세 주의의 동질성을 확실하게 비교, 분석한 다음 한국인의 심정적 삶의 세계를 바탕으로 잉태된 통일사상적 담론구성과 대안을 구체적으로 제시해가야 할 것이다. 통일사상연구원의 초대원장이었던 이상헌 원장(Dr. Lee Sang Hun)은 20세기 현대문화를 각인한 이 세 주의를 다음과 같이 평가한다.[14]

---

14) 이상헌, 『頭翼思想時代의 到來(공산주의를 초월하여)』, 선문대학교 통일사상연구원, (천안: 선문대학교 출판부, 2001), 172.

	마르크스주의 하나님의 **존재** 부정	다윈주의 하나님의 **창조** 부정	프로이드주의 하나님의 **참사랑** 부정
유물론	인간은 먼저 의식주에 집착해야 한다. 정신은 두뇌의 산물 또는 그 기능이다.	자연환경이 생물을 진화시킨다.	생물학적 유물론 : 리비도(성적에너지) 이론
투쟁이론	사물은 투쟁에 의해서 발전한다.	생물은 생존경쟁에 의해서 진화한다. (자연선택설)	인간은 모든 여성을 정복하려는 끝없는 욕망의 조종을 받는 존재이다.
인간관	인간은 경제적 이익을 추구하며 서로 적의를 품고 있는 존재로서 지배하거나 지배받는다.	인간은 생존본능에 따라 살아가는 동물이다.	인간은 성적본능에 조종되는 동물이다.
사회관	인류역사는 계급투쟁의 역사이다. 생산력이 역사발전의 원동력이다.	인간은 사회에 있어서 우월한 자가 열등한 자를 정복하여 우위에 선다.(사회 다윈이즘)	인류역사는 억압의 역사이다. 성적에너지가 문화의 원동력이다.
해방이론	노동자가 자본가를 타도하여 공산주의의 사회를 세운다.	열등 민족은 타도되어 우수 민족의 세계를 만든다.	에로스를 해방하여 에로스적 문명을 만든다. 다시 지혜의 나무 열매를 따 먹어야 한다.

3) 이성중심 / 존재자중심 / 인간중심 / 서양중심

앞서 살펴본 마르크스, 니체, 프로이드가 20세기 중반까지 극렬하게 맹위를 떨치고 있을 때, 다른 한편에서 서양 철학자들 중에는 그 동안 자기네들이 중시해왔던 **이성**에 대해 회의를 느끼며 반대급부인 감성과 광기 그리고 폭력과 섹스에 대해 탐구의 열을 올리기 시작했다. 학문적 담론의 장에서도 거침 없이 섹스와 광기 그리고 정신병원과 감옥에 대해, 그러니까 그 동안 이성중심의 투명한 사회에서는 빛을 보지 못했던 주제들에 대해 관심을 갖기 시작했다. 그 대표주자들이 바로 프랑스철학자들인 푸코(M. Foucault), 리오타르(J. F. Lyotard), 데리다(J. Derrida) 등이다. 이들을 학계에서는 포스트모더니스트들이라고 하는데 그렇다면 왜 이러한 학문적 경향이 일어났던 것인가? 그것은 바로 위에서 살펴본 마르크스, 다윈, 프로이드뿐만 아니라 20세기까지의 대부분의 철학자들이 소위 말하는 **동일성의 논리, 이성의 권력**만을 중요시했기 때문에 그 반대급부로 부상했던 것이다. 요즈음 〈포스트모더니즘〉이라 하며 탈근대를 주장하는 사람들이 비판하는 것 중 하나가 바로 이 근대화가 함의하고 있는 **이성중심(로고스 중심)**의 태도인 것이다. 순전한 합리화 과정, 머리로만 모든 것을 해결하려는, 냉철한 이성으로 모든 것을 판단하려는 그런 이성중심, 그리고 그에 따른 인간중심의 경향을 비판하고자 했던 것이다. 우리는 여기에서 또한 존재자 중심, 더 나아가 서양중심을 확인할 수 있다. 이렇게 서양의 근대화, 그것은 한마디로 신 내지는 성스러운 것, 신적인 것을 우리의 생활세계에서부터 쫓아낸 뒤 가능했던 것이다. 다시 말해, 근대화의 과정 그것은 곧 세속화의 과정이었고 신 죽임의 과정이었던 것이다. 이에 대해 근대의 마지막 철학자 니체가 '신은 죽었다'라고 선포한 것이다. 허무주의의 뿌리, 그것은 인간에게 여러 가지 많은 능력이 있는데, 그 능력 가운데 이성적인 능력만을 극대화시켜 이성적으로 접근할 수 있는 존재만을 유일한 것으로 봤고 그 안에 들어오지 않는 것은 없다고 본 데에 기원한다고 할 수 있을 것이다. 한마디로 서양에서 근·현대의 삶의 문화는 철저한 존재자 중심이며 그 존재이해의 지평 안에 들어오지 않는 모든 것은 제거해버린 〈**무(無)제거의 역사**〉라고 표현할 수 있다.**15)** 그런데 오늘날 그 제거해버린 무가 망령처럼, 유령처럼 우리 주위를 맴돌며 우리 자신을 괴롭히고 있는 것이다. 그것이 바로 **허무주의**이다. 이제 이러한 허무주의적 삶의 문

---

15) 이기상, 『다석과 함께 여는 우리말 철학』, 지식산업사, 2003. 특히 303~
   345 참조.

화를 극복할 수 있는 21세기 새로운 문화운동으로서 **문선명 선생**의 **통일사상(심정진리사건)**이 함의하고 있는 시대적 의의에 대해 생각해 보기로 하자.

3. 현대문화적 삶의 위기(Crisis)와 전향(Turning)

1) 21세기 웰빙의 추구와 생명·영성에 대한 관심

21세기를 맞아 죽음과 죽임의 문화인 허무주의 문화를 극복할 수 있는 통일사상적 담론모색을 말하기 전에 먼저 일반 학계에서 일어나고 있는 다양한 노력들을 간단히 살펴보기로 하자. 우리가 21세기를 **문선명 선생**의 규정대로, 후천시대가 도래한 시대, 하나님의 조국과 평화의 왕국이 열리는 시대라고 규정하면서 이는 새로운 심정혁명의 시대, 신(神)문명의 시대라고 주장하면 이상하게 생각하는 사람들이 많이 있다. 과학과 기술이 우리의 운명이 되어버린 오늘날인데 무슨 심정이며, 신(神)문명의 시대인가 하고 반문하는 사람들이 많을 것이다. 기술혁신이야말로 선진국반열에 오르는 지름길이며 경제적 이익을 창출하는 경영학적 사고방식에 젖어 통일사상에서 강조하는 심정적 가치에 대해서는 냉소적으로 바라보는 사람들이 많이 있다. 그러나 우리가 오늘날 소위 선진국이라는 나라들과 그 나라 사람들의 생활의 깊은 곳을 알고 체험해 보면 형이상학이 없는 민족은 진정한 의미에서 선진국이 될 수 없으며 소위 소울 매니지먼트(Soul Management)를 모르는 사람은 진정한 의미에서 최고경영자가 되기 어렵다는 것을 알 수 있다.16) 우리는 겉모양을 보고 좋아하거나 기죽지 말고 사태의 핵심을 꿰뚫어 보고 시대정신을 읽어낼 줄 아는 통찰력을 키워야 할 것이다.

어쨌든 21세기를 심정과 새로운 신(神)문명의 시대가 될 것이라고 하면 벌써 냉소적으로 생각하는 사람들은 이렇게 말한다. 디지털 기술문명시대에 심정으로 뭘 어쩌겠다는 것인가라고 말이다. 그렇지만 이미 20세기 후반부터 많은 세계적인 지성인들이 인류구원을 위해 이제 인간은 자기 자신의 능력을 재고(再考)해야 한다고 이야기해 왔다. 그러니까 '기술과 과학이 극에 달한 현대가 과연 인류에게 행복을 약속해 주고 있는가?', '인류에게 구원을 약속하고 있는가?' 오히려 '기술 문

---

16) 하인호, 『소울 매니지먼트』, 일송북, 2008 참조.

명의 최고점에 올라선 현대에 인간은 삶의 뜻을 찾지 못하고 오히려 자살을 생각하는 것 아닌가?' 하는 삶의 깊은 병에 대해 치유의 손길을 애타게 찾고 있는 것이다. 아이러니하게도 현대일수록 그리고 소위 잘 산다는 나라일수록 자살률이 높다. 그것은 인간은 빵이 아무리 많아도 뜻이 없으면 차라리 죽음을 택한다고 한 도스토예프스키의 말이 맞기 때문이다. 비록 자살을 택하지 않더라도 알코올중독, 마약중독, 변태적인 성적 쾌락을 쫓아 순간 순간을 죽여 가는 그러한 삶을 살게 된다. 이것은 20세기 (서구)현대문화적 삶의 세계에서 정신적, 영성적인 면을 배제하고 오로지 물질적, 경제적인 면만을 – 돈, 쾌락, 욕망, 소유, 소비 등등 – 전면에 부각시킴으로 해서 등장하게 되는 물질적 번영 뒤의 비참인 것이다.[17]

역사학자 토인비(Arnold J. Toynbee, 1889~1975)는 20세기 세계를 지배하고 있는 유럽문명에 커다란 약점이 있음을 환기시킨 바 있다. 지금 세계를 정복한 듯 보이는 유럽문명은 그 힘을 오직 물질 문명적 측면에서만 길어내고 있다고 말한다. 단지 과학기술로 전 세계의 물질적인 면을 장악하고 있을

---

17) Pascal Bruckner, 『번영의 비참. 종교화한 시장 경제와 그 적들(Misère de la prospérité. la religion marchande et ses ennemis)』, 이창실 옮김, 동문선, 2003 참조.

뿐, 거기에는 정신적인 원리가 결여되어 있다는 것을 지적하고 있다. 이 정신적인 원리의 결여, 그것이 큰 공백을 만들고 있고 그 공백이 〈無〉라는 망령으로 우리 자신을 괴롭히고 있다는 것이다.[18] 이 무의 망령을 퇴치하기 위해서 우리가 쫓아낸 신적인 것, 성스러운 것 이것을 다시 찾아와야 할 것이다. 그러니까 인간의 능력에는 여러 가지가 있는데, 지금까지 인간은 이성적인 능력, 그 중에서도 계산해 내는 능력, 셈할 수 있는 능력, 무언가를 만들어 낼 수 있는 능력, 그래서 눈앞에 세워 가지고 그것을 조종하고 지배할 수 있는 능력, 내 것으로 만들어 쾌락을 도모할 수 있는 능력, 이러한 물질적인 것, 존재자적인 차원만을 극대화시켜 온 것이다. 그러나 그것 외에 인간에게는 다른 능력도 있다. 그 다른 능력이 바로 영성, 이성의 반대급부인 또는 이성적인 차원이 접근할 수 없다고 하여 외면하였던 다른 차원으로서의 영성의 차원이다.[19]

더 나아가 토인비는 21세기가 새로운 영성의 시대, 정

---

18) A. J. 토인비, 『역사와 세계와 인류』, 최혁순 옮김, 집문당, 1993 참조.
19) 현대문화를 현대성의 과잉으로 구현된 체제로 보고 현대문화의 특징인 이성중심, 인간중심으로 인한 문제들을 극복하고 탈현대적 영성론을 모색하고 있는 바에 대해서는 다음의 글을 참조할 수 있다. 신승환, 「현대문화에서의 영성(靈性)론 연구」, 『하이데거연구(이 땅의 존재사건을 찾아서)』(제15집), 한국하이데거학회 엮음, 2007년 봄호, 567~596 참조.

신의 시대가 되어야 한다고 역설한다. 포스트모더니스트들이 탈근대성으로서 주장하고 있는 것 역시 이성이 아닌 다른 것, 우리가 이성적인 것이 아니라 해서 외면했던 것들을 다시 부각시켜 보자는 추세로 가고 있다. 이성이 아닌 다른 것, 그것은 무엇인가? 그것은 어쩌면 광기, 폭력, 섹스일지도 모른다. 그래서 그들은 바로 이것들에 대해 새롭게 접근하고 해석하고 있는 것인지도 모른다. 그렇지만 그들이 보고 있는 이성이 아닌 다른 것으로서의 이러한 것들도 전부가 아니다. 이성적인 현실이 아닌 다른 현실이 얼마든지 있다. 그것은 예컨대 종교적, 도덕적, 예술적인 현실을 들 수 있을 것이다. 이러한 것들이 특히 서양의 현대철학사에서 이성으로 접근할 수 없다고 하여 서서히 하나씩 배제되었던 것이다. 한마디로 종교, 도덕, 예술적인 현실로의 접근을 가로막았던 인간의 잘못된 태도는 무엇보다도 無, 空, 虛와 같은, 없다고 하여 배제한 현실의 영역에 대한 잘못된 관계맺음이다. 이제 우리는 무, 공, 허와 같은 없다고 생각한 그것, 그 없는 것, 즉 無가 우리를 괴롭히고 있는 오늘날에 직면하고 있다. 그 '없는 것'에 대한 경험의 가능성을 새삼 새롭게 인정하고 거기에 어떻게 이를 수 있는지를 곰곰이 생각해 보아야 할 것이다. 그럴 경우 우리가 그 동안 간과했던 새로운 현실이 열리고 우리에게 새로운 **삶의 가**

능성이 주어질 것이다. 바로 이 점에서 동아시아 사람들 특히 한국 사람들이 이제 숨겨진 재능을 펼칠 수 있는 기회가 왔다고 본다. 서양은 이성 중심적 추세로 발달되어 왔고 그래서 서양 사람들에게는 무엇보다도 이성적인 능력이 극도로 잘 발달되어 있는 것이 사실이다. 이에 비해 동아시아 사람들, 특히 한국 사람들은 어쩌면 이성적인 능력이 서양사람 만큼 잘 발달하지 못했다. 서양은 근대화를 거치면서 모든 면에서 합리적이 되어 서양 사람들은 이제 그렇게 합리적으로 된 투명한 유리병 속에서 살기 싫다고 하며 유리병을 깨고 있는 것이다. 그렇지만 우리 한국인의 상황은 다르다. 우리는 지난 반만년의 역사 그리고 근대화가 시작된 지난 100년의 역사 속에서, 서양 사람처럼 그렇게 합리적으로 된 적이 한 번도 없었다. 우리의 생활이, 생활세계가 유리그릇처럼 투명해 본 적이 없었다. 그 투명함을 배우자고 지금 삶의 전 분야에서 경제적, 정치적, 종교적인 투명을 이야기 하지만, 우리는 지금 온통 부정부패에 시달리고 있는 게 사실이다.

　　여기서 우리가 한번 깊게 숙고해보아야 할 점이 있다. 그 동안 서양문화의 저변에 깔려 있는 인간중심, 이성중심의 태도와 동아시아문화에서의 감성중심, 맥락중심의 태도 모두 한계가 있으며 이 두 사유와 문화의 성격을 아우를 수 있는 새로운 사상의 도래를 필요로 하고 있다는 문명사적인 요청을 우리는 들을 수 있어야 할 것이다. 이러한 측면에서 우리는 **통일사상**을 새롭게 이해해 볼 수 있다. 21세기 웰빙담론이 부상하고, 생명과 영성에 대한 관심이 고조되어가고 있는 오늘날, 생심의 욕망과 육심의 욕망 그리고 성상적 가치와 형상적 가치의 조화를 통한 심정문화를 지향하는 통일사상의 철학적 통찰에 대해 주목하게 된다. 특히 감성, 이성, 영성의 차원을 아우르고 그 각각의 능력의 원천으로서의 심정적 존재로서 인간을 보는 통일사상의 안목은 생명과 환경문제로 몸살을 앓고 있는 오늘날 인류에게 절실한 존재지혜를 제공해줄 수 있다.

20세기 중반까지 서양 사람들이 자기들 것만이 절대라고 생각한 〈유럽중심〉의 시각과 태도로 인해 지금까지 이 중심에 끼지 못한 주변이 소외되었는데, 이러한 절대중심이 무너지면서 이제 다중심시대인 다원주의시대로 넘어가고 있다. 그래서 오늘날 21세기는 상호문화성의 시대, 다원주의시대로 변해가고 있으며 이러한 시대를 평화롭게 살아갈 수 있는 경제질서와 종교 간의 화해 그리고 문명 간의 화해의 문법을 찾아라! 이것이 21세기를 살아가야 하는 우리들의 절대 절명의 시대적 과제이다.

깊고 풍부한 우리의 생활세계를 이성의 잣대와 자본의

논리로만 평가하려고 하는 모든 태도는 **허무주의**와 **쾌락주의**라는 구렁텅이로 빠지고 만다. 이러한 허무주의와 쾌락주의라는 망령에서 벗어날 수 있는 길은 무엇이겠는가? 이러한 현대 문화적 삶의 위기를 보고 있는 우리는 어떠한 존재지혜를 모색할 수 있겠는가? 이러한 위기상황을 통찰한 통일사상에서는 그래서 하나님과 인간 그리고 자연세계가 하나로 어우러짐을 통한 **심정문화세계**를 지향하는 것이다. 심정문화를 지향하는 통일사상은 새로운 하나님 읽기, 인간 읽기 그리고 자연 읽기를 제시한다.[20] 인간을 이성적 동물(animal rationale)이라는 굴레에서 **해방**시키고 하나님을 인간의 이성적 증명욕망으로부터 **해방**시키며 자연을 이용의 대상이라는 관점에서부터 **해방**시켜야 한다. 이러한 시대적 상황에 직면한 오늘날의 통일사상연구자들은 문명사적인 요구에 제대로 응대해야 할 것이다. 이러한 맥락에서 통일사상의 주창자되시는 문선명 선생께서는 전 세계를 순회하시며 〈천주평화연합〉을 창설하시어 "하나님의 이상가정과 평화이상세계"라는 인류의 보편적 가치 실현을 위한 메시지를 온몸으로 던지고 계신 것이다. 문선명

---

20) 이러한 오늘날의 우리가 생활적으로 겪고 있는 총체적인 위기를 제대로 직시한 바탕위에, 우리는 통일사상의 原相論과 本性論 그리고 存在論을 새로운 차원에서 읽고 보완하여 새롭게 제시하는 노력을 계속해야 할 것이다.

 심정사유의 숲길 : 삶/기술/예술에 대한 통일사상적 숙고

선생은 21세기를 살아가야 할 인류를 위해 **심정진리의 불꽃을** 마지막으로 혼신의 힘을 다해 지피시며 통일사상의 정신을 실천하고 계신 것이다.[21]

2) 문선명 선생의 訓讀文化, 그 통일사상적 함의 읽기

그렇다면 이제 필자는 현대문화적 허무주의 극복을 위한 노력의 일환으로 문선명 선생께서 그토록 강조하시는 **훈독문화**가 지닌 통일사상적 함의에 대해 숙고해 보고자 한다. 문선명 선생이 몸소 실천하고 있는 이 훈독문화는 바로 우리의 삶의 중심에 하나님을 모시고, 심정과 참사랑의 삶의 논리로 '위하여 사는 삶'을 실천하라는 그래서 생명을 사랑하는 생활, 영성적 생활을 사는 **심정적 존재**로서의 사명을 다하는 사람이 되라는 새로운 시대를 여는 통일사상주창자로서의 통찰이기도 하다. 이러한 점에 주목하여 필자는 이 훈독문화가 함의하고 있는 의미를 통일사상과 관련하여 **인간의 생각함**이라는 사태에 초점을 맞추어 생각해 보고자 한다.

---

21) 세계평화통일가정연합, 『平和訓經』, 성화사, 2007 참조.

서양철학에서는 인간에 대한 철학함이 시작되고 아리스토텔레스에 의해 일단락 된 때부터 인간을 유난히도 '말을 할 줄 아는 생명체'(zoon logon echon)로 정의해 왔다. 이것이 중세 라틴 문화권으로 가서는 '이성적 동물'(animal rationale)로 번역이 되어 중세 이후 서양에서 '인간'하면 당연히 '이성적 동물'이라고 낙인이 찍혀 버린 셈이다. 인간은 하나님이 창조한 모든 존재자들 중에서 '이성'을 가지고 있기에 특권을 가지고 있다고 생각하는 것이다. 그러기에 인간은 존재하는 것들의 서열에서 제일 윗자리를 차지할 수 있었고 다른 존재자들을 지배할 수 있다고 여겨져 온 것이다. 이후에 인간을 조금씩 다르게 표현은 했지만 데카르트의 '나는 생각한다. 그러므로 나는 존재한다'(Cogito ergo Sum)라거나 파스칼의 '생각하는 갈대'라는 등의 말을 보더라도 역시 그들은 인간을 '이성적 존재'라고 보는 관점에서 크게 벗어나지 못했다고 할 수 있다.

여기서 필자는 이러한 서양철학에서의 인간에 대한 정의에 대해 비판하거나 틀렸다고 말하고 싶은 것은 아니다. 다만 고·중세를 지나 근대를 거쳐 현대 또는 탈ー현대를 살고 있는 지금, 그리고 서양이 아닌 동아시아 그것도 한국 땅에서 살고 있는 필자의 입장에서 '생각할 수 있는 존재로서의 인간'

이라는 정의에 대해 그 의미를 통일사상의 입장에서 다시 숙고해 보고 싶은 것이다.

과연 인간은 그 '생각할 수 있다'라는 특권으로 오늘날과 같은 기술문명사회를 이룩했다. 컴퓨터 기술로 모든 존재자들의 영역에로 침입할 수 있게 되었고 지구가 아닌 다른 별에로의 여행까지 가능하게 되었다. 이러한 사실은 이제 너무나 당연시되고 일상화되어 더 이상 우리를 놀라게 하지 않는다. 그런데 아이러니하게도 현대를 살아가는 우리들은 우리의 생각할 수 있음이 최고로 발휘된 지금 **형이상학적 허무감**과 삶을 풍성하게 해 줄 **심정문화적 상상력**의 부재함 속에서 뭔가 새로운 의미, 삶의 충만감 같은 것을 갈구하고 있다. 여기서 우리는 인간의 '생각할 수 있음'이라는 그 사태(Sache)에 대해 다시 물음을 던지게 되는 것이다. '인간의 사유함은 무엇을 말하는가?', '인간이 하나님의 뜻을 새긴다는 것은 무엇을 뜻하는가?'

우리는 매일 매일 생각을 통해서 계획을 세우고 일을 처리하며 타인들과의 만남도 가지며 살아간다. 그런데 우리의 일상의 삶의 모습들을 곰곰이 따져보면 우리의 삶의 기초가 되는 우리의 '생각함'에는 두 가지 다른 성격이 있음을 알게 된다. 첫째, 우리의 생각함에는 '뭔가 따지고 계산해서 나의 이익을 챙기고자 하는 성격'이 있다. 내가 살아가면서 만나게 되는 다른 존재자들을 나의 앞에 마주 세워 놓아 바라보고 이해하며 또 안심해 한다. 이러한 생각함의 성격을 우리는 **계산하는 사유, 표상하는 사유**(Vorstellen Denken)라고 부를 수 있을 것이다. 반면에 우리의 생각함에는 예를 들어, 가까운 친지나 아는 사람이 죽었다든지 뉴스를 통해 충격적인 사건을 접한다든지 해서 그 가까운 사람의 죽음이나 사건의 **의미**에 대해 곰곰이 생각해 보게 되는 경우도 있다. 이러한 생각함은 단순히 계산하고 따지는 차원, 즉 객관적인 사실들을 열거하는 사유가 아니라 그 사실들 속에 숨어 있는 또는 우리에게 던지고 있는 메시지를 찾아보려는 생각함인 것이다. 이러한 생각함을 우리는 **뜻새기는 사유**(Besinnliche Nachdenken), **훈독적인 사유** 등으로 그 성격을 표현해 볼 수 있을 것이다. 우리는 함석헌 선생의 『뜻으로 본 한국역사』라는 책을 알고 있다. 우리 역사에 있어서 몇 연도에 무슨 일이 있었고 그 다음 해에 무슨 사건이 있었고 하는 식의 단순히 사실들을 기술하거나 열거하는 것이 아니라 그 일어난 사건들이 어떠한 의미를 지니는가 하는, 역사를 읽어내는 눈(史觀)에 대한 생각함을 말하려고 하는 것이다. 우리는 1970년의 노동자 전태일의 분신자살을 통해서 단순히 살기 힘든 한 노동자가 절규했었다는 사실만을 얘기할 수도 있지만 그 사건이 한국현대사에서의 노동운동과 민주화 역사에 미친 역사적 **의미**에 대해 말해볼 수도 있을 것이다. 헤겔의 『역사철학』구상도 이러한 인간의 뜻새기는 사유, 마음에 침잠하는 사유로 인류역사를 보고자 하는 기획에서 시작된 작업이다. 그리고 역사신학에서도 예수라는 한 인물의 십자가 죽음을 단순한 한 인간의 죽음이 아니라 그 분의 죽음 속에서 인류의 구속사(救贖史)를 새겨보려는 사유함으로부터 계획되었던 것이다.

과학과 기술이 우리의 운명이 되어버린 오늘날, 우리의 삶은 계산적 사유, 표상적 사유에 길들여져 있으며 그것이 전부인 양 바쁘게 살아가고 있다. 그러면서 오직 '경제지상주의'의 삶으로 치닫고 있다. 따라서 삶의 의미라거나 공동체와 국가 그리고 섭리의 방향 등에 관한 말함의 자리에는, 다시 말해 얇은 삶이 아닌 두꺼운 삶이 되기 위한 노력의 자리에는 언제나 소수의 사람들만이 의자를 채우고 있다. 오늘날 회자되고 있는 '인문학의 위기'라는 현상도 이러한 우리들의 삶의 문화, 삶의 방식과 밀접한 연관이 있는 것이다.

어쨌든 예언자는 언제나 그 시대의 경향을 거스르는 메시지를 던진다고 했던가? 우리와 함께 21세기를 살아가시는 문선명 선생께서는 '훈독 중심한 삶'을 강조하신다. 문선명 선생께서 강조하시는 이 훈독문화는 도대체 생명과 영성의 시대를 모색하는데 무슨 관계가 있는 것인가? 우리가 『문선명선생 말씀선집』을 가만히 분석해 보면 거기에는 온통 의미를 찾고 의미를 부여하는 뜻새기는 사유에서 나온 말씀들이라는 것을 알 수 있다. 문선명 선생의 말씀은 뜻새기는 사유함으로 인간과 세계 그리고 심정의 하나님을 찾기 위한 끝없는 도전에 의해 길어내어진 **뜻의 장**이다. 그러므로 이 시대의 훈독사건은 우리의 생각함이 계산하는 사유에서 뜻새기는 사유에로 **전향**(轉向, Kehre)해야 함을 계시하고 있는 사건이다. 훈독은 우리의 생각함이 좀 더 경건해지기를 요구하는 것이다.

　문선명 선생의 가르침에 의하면 **영성**은 마냥 신비한 것이 아니라 바로 우리 삶에 대한 깊은 **사유**, 훈독적 생각함에서 우러나오는 **삶의 향기** 같은 것이다. 심정(영성)적 삶이란 참사랑을 중심으로 한 생각의 힘이 심정행위를 통하여 주위를 화동시키는 천주평화적 삶을 말한다. 그러므로 심정적 삶은 가장 창조원리적인 삶이며 자연친화적인 삶인 것이다. 20세기 후반을 치열하게 살아간 독일의 하이데거(M. Heidegger, 1899~1976)는 자신의 학문적 결단, 즉 존재사건학을 통하여 낭떠러지로 떨어져 가고 있는 서양문명의 새로운 구원의 길을 모색했다. 그리고는 결국 **오직 신만이 우리를 구원할 수 있**

다!(Nur ein Gott kan uns retten!)22)라는 다소 예언적인 방식으로 인류의 방향만을 제시하였다. 하이데거는 인간욕망의 극대화, 자본주의의 끝없는 욕망 부추김, 물질문명에 깔려 압사당하고 있는 인류에게 하나님이 너무나 필요했음을 온몸으로 절감했던 것이다. 필자는 문선명 선생께서 생명과 영성의 시

---

22) M. Heidegger, "Spiegel—Gespraech mit Martin Heidegger"(23. September 1966), Reden und Andere Zeugnisse eines Lebensweges(GA16), Vittorio Klostermann Frankfurt am Main, 2000. p. 671;『통일사상요강』에서는 하이데거 철학에 대해 본성론에서 집중적으로 다루고 있다. 다시 말해 통일사상의 인간이해(심정적 인간, 로고스적 인간, 창조적 인간)에 입각해서 하이데거의 현존재(Dasein)로서의 인간이해에 대해 비판하고 있다. 그런데 통일사상에서의 하이데거 철학에 대한 이해는 주로 전기 작품인『존재와 시간(Sein und Zeit)』에 의존하고 있다. 그러므로 하이데거의 후기사상까지 고려해 본다면 다소 맞지 않는 부분도 없지 않아 있다. 예를 들어, 하이데거의 사방세계(Geviert) 논의라든지 '나의 철학은 신 기다리기이다'라는 등의 명제에 대한 더 깊은 논의가 되어져야 한다고 생각한다. 통일사상을 통해 하이데거 철학을 이해하기 전에 그의『존재와 시간』뿐만 아니라 현재 국내에 번역되어 있는 많은 저서들을 강독하기를 권한다.『존재와 시간』, 이기상 옮김, 까치, 1998;『현상학의 근본문제들』, 이기상 옮김, 문예, 1994;『형이상학의 근본개념들』, 이기상/강태성 옮김, 까치, 2001;『니체와 니힐리즘』, 박찬국 옮김, 지성의 샘, 1996;『진리의 본질에 대하여(플라톤의 동굴의 비유와 테아이테토스)』, 이기상 옮김, 까치, 2004 참조. 다음으로 하이데거 철학에 대한 연구서로는 다음의 글들을 참조할 수 있다. 이기상,『하이데거의 實存과 言語』, 문예, 1991;『하이데거의 存在와 現象』, 문예, 1992;『하이데거의 존재사건학(존재진리의 발생사건과 인간의 응답)』, 서광사, 2003; 이기상,『다석과 함께여는 우리말 철학』, 까치, 2004; 박찬국,『들길의 사상가. 하이데거』, 동녘, 2005; 조형국,『하이데거의 삶의 해석학』, 채륜, 2009.

대를 예비하시며 강조하신 훈독문화를 후기 하이데거가 강조했던 바, 즉 사방세계(Geviert)[23]에서 죽을자(die sterbliche)로서의 인간이 생활 속에서 이루어야 할 다른 삶의 방식의 정착을 위한 구체적이고도 명확한 현실적인 실천(대안)이라고 생각한다.

---

23) 후기 하이데거는 『존재와 시간』에서 전개한 실존적 의미로서의 세계 개념을 넘어 사방세계(Geviert)담론으로 자신의 세계 개념을 승화시키는 동시에 데카르트 이후 서양 근대적 의미의 세계 개념을 극복하고자 한다. 사방세계는 땅과 하늘 그리고 신적인 것과 죽을자(인간)들이 서로 거울놀이를 통하여, 어울림을 통하여 자연스럽게 형성되는 세계를 말한다. 여기서 필자는 하이데거가 인간을 죽을자로 표현한 것에 주목한다. 인간을 이성적 동물이나 신의 형상이 아니라 죽을자로 본 것이다. 이는 인간(삶)의 현사실성을 적중시킴과 동시에 인간의 유한성을 절절히 실감한 터 위에 명명한 이름일 것이다. 사방세계에 대한 자세한 내용은 다음의 글들을 참조. M. Heidegger, "Das Ding", Vorträge und Aufsätze, Neske: Pfullingen, 1978; 신상희, 「사방세계 안에 거주함: 자연친화적 삶의 방식에 대한 모색」, 『하이데거와 신』, 철학과 현실사, 2007, 200~230; 이기상, 『하이데거의 존재사건학(존재진리의 발생사건과 인간의 응답)』, 서광사, 2005, 173~185.

4. 3대 축복(3 Great Blessing)의 삶의 방식을 통한 심정문화세계 창건

과학과 기술이 우리의 운명이 되어버린 시대 그리고 빠름이 모든 가치의 척도가 되어버린 오늘날, 사람들은 더 이상 "왜"라는 의미물음을 던지지 않는다. 아니 물음을 던지지 않으려고 한다. 왜냐하면 묻는 사람이 바보가 되기 때문이다. 디지털 기술에 의해 우리의 일상이 자명하게 시스템화되어 잘 돌아가고 있는데 이런 디지털 시대에 '왜 살아야 하는가' 라든지 '우리의 삶의 의미는 무엇인가' 라는 물음을 던지는 사람은 분명 반시대적이 되기 쉬운 사람일 것이다. 그러나 아이러니하게도 모두가 남의 눈치를 살피며 기술에 기대어 그럭저럭 살아가면서도 남이 안 볼 때는 우리는 분명 묻고 있다. '내가 왜 이런 일을 하며 살고 있지?', '나는 무엇 때문에 사는 거지?' 금방 답이 나오는 물음이 아니기에 우리를 더욱 곤혹스럽게 한다. 그래서인지 특히 이 시대 심정문화 정착과 더불어 통일사상을 연구하는 우리들은 삶과 시대의 뜻을 찾는 물음을 던지며, 그 물음과 더불어 사는 자들이라 할 수 있기에, 이러한 물음이 가지고 있는 사태(Sache)의 심각성과 무거움을 알고 있기에, 더더욱 우리들은 문선명 선생의 말씀을 소중히 여기게 된다.

『원리강론(Divine Principle)』과 『통일사상요강(New Essentials of Unification Thought)』 그리고『문선명선생말씀선집(The Sermons of the Reverend Sun Myung Moon)』에서 강조하고 있는 3대 축복의 삶의 방식(Modus Vivendi)은 우리가 잘살아보겠다고 쫓아냈던 하나님을 우리의 생활세계에 **다시** 모셔오는 일에서부터 시작된다. 인류는 이제 근대화, 세속화, 세계화라는 미명아래 내쫓았던 인류의 참부모되시는 하나님을 다시 모셔야 한다. 그러한 **모심의 문화** 속에서 인간은 진정한 **자유**와 **해방**을 느낄 수 있으며 **참행복**을 누릴 수 있는 것이다.

이렇듯 하나님을 생활의 중심에 모신 가운데 이제 제1축복의 삶의 방식(마음과 몸의 통일, 개인의 평화), 제2축복의 삶의 방식(남편과 아내의 화해, 가정의 평화) 그리고 제3축복의 삶의 방식(인간과 자연의 공생, 지구의 평화)을 생활과 더불어 차근차근 느리게 성취해나가야 할 것이다. 심정과 참사랑의 성장은 시간과 더불어, 경험과 더불어 서서히 성숙해 가는 것이기 때문에 성장기간과 함께, 느리게, 생각을 해 가면서 살아가면 되는 것이다. 오늘날『산다는 것의 의미(여분의 행복)』[24]와 같은 책이 많은 호응을 받는 것도 다 생명과 영성의 시대를 맞이해 진정으로 잘산다는 것이 무엇인가에 대한 인류

의 지혜가 그쪽으로 방향을 잡아가는 것이 아닌가 하는 생각
이 든다.

우리가 살아온 지난 20세기의 현대적 삶의 방식에서는
위에서 잠깐 언급한 통일사상적 의미에서의 평화적 삶을 제대
로 살 수가 없었고 실제로 살지도 못했다. 발전과 경쟁의 시
장논리로만 우리 삶의 전 영역을 재단했기 때문이다. 더욱이
과학과 기술의 힘을 전쟁에 쏟아 부어 서로를 얼마나 피곤하
게 했으며, 제1세계니 제3세계니 나눠 그리고 민주니 공산이
니 분열되어 또 얼마나 비참하게 살아왔는가?

우리들 개개인의 삶의 차원에서 생각해봐도 기술에 의
해 지배되었던 20세기 아니 오늘날도 대부분의 사람들이 뜻새
기는 사유보다는 표상하는 사유, 계산하는 사유에 길들여져
있어 **심정적 가치**를 무시하는 경향이 많지 않는가? 그래서 하
이데거는 현대를 **형이상학**(철학, 뜻새기는 사유)이 **기술**(계산
하는 사유)에 의해 대체된 시대라고 했다. 기술시대를 사는 인
간들은 기다릴 줄 모른다. 주위의 자연이나 사람들에 대해 **몰
아세우고(Ge-stell)** 무엇인가를 생산해 내라고 닦달해 댄
다.[25] 그래서 자연이 파괴되어가고 사람들 사이의 관계가 황

---

24) 피에르 쌍소, 『산다는 것의 의미』, 김주경 옮김, 동문선, 2005.
25) 하이데거는 서양의 형이상학이 그때 그때의 존재의 역운(歷運)에 따라

폐화되어 간다. 다시 말해 통일사상에서 강조하는 제3축복과 제2축복의 삶의 방식이 철저히 망가져 가고 있다. 하나님의 3대 축복은 따로 따로 떨어져 있는 것이 아니다. 3대 축복의 삶의 방식은 철저한 **공속(共屬)**관계에 있다.

현대인들의 이 각박해져 가고 모래알처럼 부서져 가는 삶의 분위기, 시대의 징후를 극복할 수 있는 방안은 과연 무엇인가? 필자는 그것을 앞서 훈독(訓讀), 뜻새기는 사유중심의 삶의 태도로 돌아가는 것이라고 말한 바 있다. 뜻이 생명이다. 인간은 뜻이 있어야 하고 뜻이 확립되어야 한다. 뜻이 기술에 의해 대체되는 순간, 그래서 모든 면에 있어 인간의 의미부여의 작업이 상실되고 기계나 기술에 의해 통제되는 순간, 인간

이데아, 에네르게이아, 주체, 의지, 힘에의 의지 등으로 각인되어 왔다고 한다. 이것이 현대에는 기술(Ge-stell, 닦달, 몰아세움)의 형태로 나타나고 있다고 본다. 하이데거는 인간이 비은폐성과의 탈자적인 연관에서 이 비은폐성에서부터 닦아세워지는 양식은 집약시키는 특징을 띠고 있다고 한다. Ge-stell에서 전철 'Ge-'는 비은폐성의 닦아세우는 근본특성에서의 집약시키는 것을 지칭하고, 후철 '-stell'은 인간을 닦아세우는 세움과 또한 존재자를 다양한 주문요청의 방식으로 닦아세우는 세움을 의미한다. 참조. 이기상, 『하이데거의 존재사건학(존재진리의 발생사건과 인간의 응답』, 서광사, 2003, 195~298; 'Gestell'에 대한 더 자세한 내용은 다음의 논문을 참조. 이기상, 「현대기술의 본질」, 『강연과 논문』, 이기상・박찬국・신상희 옮김, 이학사, 2008, 179~181; 이선일, 『하이데거의 기술의 문제』, 박사학위논문, 서울대학교 철학과, 1994; 조형국, 「기술시대와 초연한 삶(인간과 기술, 그 자유로운 관계를 위한 한 해석)」, 『해석학연구』(제22집), 한국해석학회 엮음, 2008 가을호.

의 삶은 피폐해지고 생명력이 떨어지게 된다. 심정이 죽어가는 것이다.

　　이러한 현대문명의 분위기를 간파하신 문선명 선생께서는 전 세계를 향해 뜻을 찾고 뜻을 새기는 삶의 방식, 3대 축복을 통한 심정문화세계로 전향(轉向)할 것을 요구하는 것이다. 우리가 문선명 선생의 말씀들을 곰곰이 분석해 보면 그 말씀들은 온통 세계나 인간 그리고 하나님에 대해 철저하게 뜻새기는 사유의 작업을 하신 후 발표하신 말씀들이라는 것을 알 수 있다. 필자는 이 시대 **통일사상연구**는 시대정신이 들어 있는 문선명 선생의 말씀의 내용을 우리의 시대문제와 연관짓는 **심정해석학적인 작업**으로 꽃피어야 한다고 생각한다. 이러한 사태에 대해 지난 2004 세계문화체육대전 폐회식 축하만찬 시 문선명 선생께서는 참심정혁명을 통한 참해방—석방을 통해 생명과 평화의 21세기가 되기를 간절히 고대하시며 **허무주의**를 극복할 수 있는 대안은 **심정문화세계**밖에 없으며 그 심정문화생활을 하는 모습을 구체적으로 다음과 같이 말씀하셨던 것이다. 다소 길다고 생각되지만 두고두고 우리가 이 시대 통일사상연구의 의미와 방향에 대해 곱씹어 보아야 할 내용이기에 인용을 하고자 한다.

　　"여러분이 노동과 노력을 하는 것은 창조입니다. 일생동안 일만 하고 살아도 피곤을 느끼지 않고 그저 즐겁기만 하며 하나님의 참사랑의 세계를 느낄 수 있는, 그리고 하나님을 위로해 드릴 수 있는 그런 길을 찾아가는 것이 사랑의 일생이라는 것입니다. 하나님이 창조해 놓은 것을 가지고 내가 취미삼아 재미있게 하늘의 기념품을 만들고 살다 가겠다고 하는 그런 생각과 태도로 일생을 살아보라는 것입니다. 동서남북 전후좌우 어느 곳도 막힐 것이 없습니다. 지구상의 바다라는 바다, 오대양과 육대주를 안 찾아가 본 곳이 없고 강이라는 강, 산이라는 산은 모두 찾아가 보며 사는 것입니다. 여러분도 선생님처럼 하나님의 사랑을 갖고 자연을 찾아 벗 삼으며 주인 못 만나서 탄식권에 처해 있는 자연을 해방시켜주겠다는 마음을 갖고 살아야 할 것입니다. 그런 의미에서 통일운동에는 '山水苑' 운동이 필요한 것입니다. 도시의 피폐한 문화에 사로잡혀 개인중심의 이기주의적 삶의 노예가 되어 환경을 파괴하고, 각종 공해 속에서 허덕이며 자녀들의 정서적 발전을 막는 어리석은 삶의 틀에서 한시라도 빨리 탈출하는 것이 지혜로운 삶이 될 것입니다."[26]

---

26) 문선명, 「참 심정혁명과 참해방―석방 시대 개문」, 2004 세계문화체육대전 폐회축하만찬 시 창시자 연설문. 2004. 7. 26

5. 심정진리사건으로서의 통일사상 : 힘찬 살림·아름다운 모심의 문화를 위한 가능성

우리는 지금까지 통일사상을 심정사건의 진리라는 관점에서 보고 그 심정진리의 눈으로 현대문화속에 팽배해 있는 허무주의를 극복하고 21세기 새로운 생명과 영성의 시대를 어떻게 보고 준비해야 하는가에 대해 개괄적으로 살펴보았다. 아울러 '심정'개념이 함의하고 있는 생명철학적, 영성철학적인 의미를 읽어보려고 노력했다.

우리가 『통일사상요강』텍스트에서 확인할 수 있듯이, 문선명 선생께서는 하나님의 본질을 **심정**이라는 개념으로 파악하고 우리가 사는 현실의 온갖 문제들에 대한 해답으로 **심정과 참사랑의 삶의 논리**를 찾으신 것이다. 그리고 그 삶의 논리대로 사시는 모습을 우리들에게 구체적으로 심정진리의 실천을 통하여 보여주고 계신다. 그래서 문선명 선생의 심정사건의 진리는 다름 아닌 바로 문선명 선생의 삶의 철학인 것이다. 보이지 않던 하나님의 심정이 억제할 수 없는 충동으로 인해 창조의 신비로 나타나고 지금도 그 창조의 수고는 계속되고 있듯이, 이제 우리들의 심정이 활활 타올라서 21세기를 위한, 후천시대를 위한, 인류가 혼돈 속에 그토록 염원하던 생

명과 영성의 시대를 개문하는 생각을 잉태해야 할 때인 것이
다. 새로운 시대를 예비하는 소수의 그 노력, 그 피와 땀으로
역사는 새로운 희망의 역사에로 이어지는 것이 아닌가. 누가
알아주지 않아도, 보상해주지 않아도 나의 깊은 곳에, 우리의
삶 속에 와-닿아 폭발하고 있는 이 하나님의 심정을 사건화
시켜 바깥으로 드러내야 할 때가 왔고 그것이 우리의 시대적
사명이 아니겠는가. 바로 그 우리의 시대적 내지 학문적 과제
를 필자는 심정사건학이라고 불러본다. 20세기 말 21세기 초,
엄청난 전환기적 시대를 맞아 전 세계가 거대한 소용돌이 속
에서 휘몰아 뒤넘이 치면서도 생각하는 사람들에 의해 생명사
건학(김지하)[27]이니 은닉사건학(H. Rombach)[28] 혹은 존재사
건학(M. Heidegger)[29]이라는 이름으로 탈중심시대에 중심잡

---

27) 김지하, 『생명, 이 찬란한 총체』, 동광출판사, 1991; 『생명』, 솔, 1994;
『생명과 자치. 생명 사상·생명 운동이란 무엇인가』, 솔, 1996; 이기상,
「김지하의 생명사건론. 생활 속에서 이루어야 하는 우주적 대해탈」, 『해
석학연구 제12집. 낭만주의 해석학』, 한국해석학회 편, 철학과 현실사,
2003, 495~574 참조.

28) H. Rombach, Strukturontologie. Eine Phanomenologie der Freiheit,
Freiburg/München: Alber, 1971; Substanz, System, Struktur. Die
Ontologie des Funktionalismus und der philosophischen Hintergrund
der modernen Wissenschaft, 2Bd., 2 Aufl., Freiburg/München: Alber,
1981. 참조.

29) M Heidegger, Beiträge zur Philosophie, Frankfurt a. M., 1989;
Besinnung, Frankfurt a. M., 1995; 이기상, 『하이데거의 존재사건학(존

기를 하려는 노력들이 있지만 각각이 시대적, 공간적인 한계로 인해 동서통합적인 큰 사유의 틀에서 부족한 점을 드러내고 있는 것이 사실이다. 그러한 부족한 점들을 메우기 위해 생각하는 사람들은 또 노력을 할 것이다. 그러한 다양한 노력들은 21세기 생명과 평화의 문화를 지향하는 수고들이다. 그런데 통일사상의 입장에서 볼 때, 참된 생명과 평화문화는 성상적 가치와 형상적 가치가 조화통일을 이루는 데서 가능한 것이다. 몸(형상적 가치)만 가꾼다고 해서 웰빙이 되는 것이 아니다. 마음과 영성의 **새로운 부활, 심정적 가치의 발견**이 함께 이루어져야 하는 것이다. 이러한 통합적인 큰 안목에 바탕해서 **과학적 사실**을 기술하면서도 **형이상학적 사색**이 균형있게 어우러진 學問, 바로 **심정사건학**을 구성해내야 하는 일은 통일사상의 심정진리의 맛을 먼저 본 사람들의 시대적이고도 역사적인 사명인 것이다. 앞으로 생명과 영성 그리고 하나님(靈界)에 관한 모든 담론들은 통일사상의 이 '심정'개념을 둘러싼 거인들(사유가)의 대결이 될 것이다.

　　심정사건이 일어나고 있는 심정적 존재로서의 **인간의 출현**은 인류의 인식론적 진화의 마지막 단계이며 우주진화의

재진리의 발생사건과 인간의 응답)』, 서광사, 2005 참조.

꽃이다. 심정적 인간은 자신의 내부에서 하나님을 발견하고 그 발견한 하나님의 의미를 겸허한 마음으로 서로서로 나누면서 텅 빈 충만의 삶을 사는 지혜로운, 철든, 삶을 아는 사람이다. '나이 들어감'의 천주(天宙)적 뜻을 아는 참사람인 것이다.

제3장

심정적 삶의 해석학 :
심정문화기획과 콘텐츠 제작을 위한
기초 혹은 힘

이제 필자는 심정의 하나님의 발견과 그러한 하나님 이해에 바탕한 삶, 즉 심정적 삶에 대한 해석을 통해 앞으로 우리가 구체적으로 해야 할 심정문화기획 혹은 심정문화콘텐츠 제작을 위한 철학적 기초에 대해 숙고해 보고자 한다. 문선명 선생의 삶과 가르침에 대한 많은 내용이 있지만 여기서는 그분 가르침의 가장 근간이 되는 『원리강론』의 「창조원리」에서 '창조목적'과 『통일사상요강』에서의 「본성론」과 「교육론」의 내용에 대해 심정해석학적 읽기를 통해 심정적 삶을 풀이(解釋)해 보고 음미해 보고자 한다. 이러한 작업은 심정적 존재로서의 인간의 거주에 관한 해명은 물론 고향 상실을 겪고 있는 많은 현대인들에게 삶의 이정표(Weg-marken)를 제시해주는 시대적 과업이 될 것이다.

1. 마음과 몸의 하나됨을 추구하는 '통일적 삶'의 해석

문선명 선생의 가르침의 핵심이 녹아있는 『원리강론』과 『통일사상요강』에 의하면, 하나님과 인간의 관계가 부자(父子)의 관계이기 때문에 인간은 하나님의 모양(神相)과 성품(神性)을 닮고 있다. 비록 타락 때문에 타락성근성이 남아 있긴 하지만 참사랑의 실천이라는 수행을 통해 구원에 이를 수 있다는 인간이해를 문선명 선생은 제시하고 있다. 특히 하나님의 3대 축복의 내용에 대한 독특한 독법(讀法)을 바탕으로 인간학적 그리고 교육학적 의미를 강조하고 있다. 우선 『원리강론』의 「창조원리」에서는 3대 축복의 내용을 '창조목적'이라는 관점에서 논구하고 있는데, 이는 곧 인간의 입장에서 보자면 인생의 목적이 된다. 왜냐하면 하나님과 인간의 관계가 부자의 관계이기 때문에 근본적으로 인간은 하나님의 뜻(창조목적)과

무관하게 살 수 없기 때문이다. 「창조원리」에서는 3대 축복의 삶 중, 제1축복의 삶의 구체적인 나타남(現象)에 대해 다음과 같이 말하고 있다.

"하나님의 제1축복은 개성을 완성하는 데 있다. 인간이 개성을 완성하려면, 하나님의 이성성상의 대상으로 분립된 마음과 몸이 수수작용을 하여 합성일체화함으로써 그 자체에서 하나님을 중심한 개체적인 사위기대를 이루어야 한다. 하나님을 중심하고 마음과 몸이 창조본연의 사위기대를 이룬 인간은, 하나님의 성전이 되어 그와 일체를 이루기 때문에, 신성을 가지게 되어 하나님의 심정을 체휼함으로써 그의 뜻을 알고 그대로 생활하게 된다."[30]

하나님의 제1축복은 마음과 몸의 통일을 통해 개체적인 사위기대를 온전히 실현하는 것을 뜻한다. 이는 곧 한 개성진리체로서의 인격완성을 말한다. 그렇다면 이제 위에 인용한 부분에서 밑줄 친 부분의 내용을 중심으로 좀 더 깊이 생각해보기로 하자.

통일사상에 의하면 인간은 마음과 몸의 이중구조로 되어 있다. 이를 '성상과 형상의 통일체'적 존재라고 표현하기도

---

30) 통일교, 『원리강론(45쇄, 표준횡서)』, (서울: 성화사, 2010), 46.(이하『원리강론』으로 표기)

하는데, 여기에는 네 가지의 유형이 있다. [31] 하지만 여기서는 생심(生心)과 육심(肉心)의 입장에서 숙고해 보고자 한다. 인용한 부분 중에 "마음과 몸이 수수작용을 하여 합성일체화한다"는 것은 생심의 眞, 善, 美, 聖을 추구하는 가치지향성과 육심의 衣, 食, 住, 性을 추구하는 물질지향성이 심정을 중심하고 온전한 주체와 대상의 관계를 유지하여 하나님의 완전성을 닮아가는 삶을 살아가는 것을 뜻한다. 이는 인간교육의 근간이 되는 내용으로서 교육학적으로도 대단히 중요한 의미를 지니고 있다. 인간은 심정교육, 규범교육, 주관교육을 받음으로써 온전히 성장할 수 있는데, 이 중 심정교육은 인간의 영인체의 성장과 관련하여 대단히 중요한 의미를 지닌다. 심정교육은 개체완성을 위한 교육으로서 하나님의 성상과 형상의 통일성을 닮게 하는 교육이다. 그런데 하나님의 성상과 형상이 심정을 중심하고 수수작용을 함으로써 통일을 이루고 있기 때문에 심정교육에서는 개인들로 하여금 그들의 심정이 하나님

---

31) 인간의 성상과 형상에는 네 가지의 유형이 있는데, 첫째로 인간은 우주를 총합한 실체상이기에 동물, 식물, 광물의 성상과 형상의 요소를 모두 지니고 있다. 둘째, 인간은 영인체와 육신의 二重的 존재이다. 셋째, 인간은 마음과 몸이 통일을 이루고 있는 心身통일체이다. 마지막으로 인간은 이중의 마음, 즉 생심과 육심의 二重心의 통일체로서 이중심적 존재이다. 『통일사상요강』, 238~239 참조.

의 심정과 일치하여 마음과 몸이 통일을 이루어 평안한 삶을 살 수 있는 힘을 제공하는 사태가 대단히 중요하다.[32]

　　이러한 심정교육에서 우리는 우리의 심정이 '하나님의 심정과 일치가 된다' 혹은 '하나님의 심정을 체휼한다'라는 사태가 중요하다는 것을 알 수 있다. 『통일사상요강』에서는 하나님의 심정을 크게 3가지, 즉 소망의 심정, 슬픔의 심정 그리고 고통의 심정으로 나누어 설명한다. 이러한 창조와 역사과정에 나타난 하나님의 심정을 우리가 생활세계에서 느끼고 공감하여 점차 하나님과 심정적 커뮤니케이션이 가능하게 되어야 한다는 것이 바로 심정교육의 핵심이다. 그리하여 하나님의 뜻을 알고 그대로 생활하게 될 때, 개성진리체로서의 가치를 온전히 발현(發現)하게 되는 것이다. 문선명 선생은 하나님의 뜻이 무엇이냐는 물음에 대해 단호히 바로 사위기대를 완성하는 것이라고 답하신다.[33] 개체적, 가정적, 주관적 사위기대가 온전히 실현된 세계, 그 세계가 바로 하나님의 창조이상세계이며 심정문화세계라는 것이다. 따라서 인간의 심정적 거주(삶)는 사위기대를 온전히 실현하려는 하나님의 뜻과 방향 그리고 내용과 일치된 생활을 할 때 가능하게 된다는 사실을

---

32) 『통일사상요강』, 355~376 참조.
33) 세계기독교통일신령협회, 『축복과 이상가정』, 성화사, 1995, 16 재인용.

우리는 확인할 수 있다. 그렇다면 문제는 현실 속에서의 타락한 인간이 '어떻게' 하나님의 뜻과 심정을 체휼할 수 있느냐 하는 물음이다. 이에 대해 문선명 선생은 「신에 대한 체휼과 우리의 자각」이라는 말씀을 통해 이렇게 역설하신다.

"체휼신앙에 있어서 제일 중요한 요건이 뭐냐? 주체와 대상 관계입니다. '하나님은 언제나 주체다' 하면서, 나를 사랑하시는 하나님이기 때문에 내가 심각하면 심각할수록 하나님은 내 일을 망각할 수 없다, 방관할 수 없다, 여기에 같이 계신다 하는 것을 느껴야 됩니다. 그러므로 기도에 앞서 감사할 수 있는 생활형태가 벌어지게 될 때, 거기는 하늘이 같이 하시는 것입니다. 그것이 맨 처음엔 느껴지지 않지만 어느 단계에 들어서면 느껴지게 되는 것입니다."[34]

"그렇기 때문에 하늘은 내가 없으면 안 된다는 이런 자각보다도 그러한 체휼의 환경을 여러분이 갖추지 않으면 안 됩니다. 체휼해야 됩니다. 느껴야 된다구요. 내가 안 하면 이렇게 된다는 것을 느껴야 됩니다. 그러려면 먼 자리에 있어서는 안 돼요. 언제나 주체와 대상 관계에서 접해 가지고, 보고 듣고 먹고 자고 하는 일체의 생활은 나 혼자 하지 않고 주체와 더불어 주체의 목적을 위해서 하는 것이다 하는 것을 표면화시켜 가지고 느껴야 됩니다.

---

34) 세계평화통일가정연합, 『訓敎經(下)』, 성화사, 1999, 460.(이하 『훈교경(下)』으로 표기)

이러한 것을 느끼는 자리에서, 하늘이 같이하는 자리에서 새로운 자각을 해 가지고 세계로 나서게 될 때, 비로소 거기서 하늘의 뜻은 이루어진다는 것을 여러분이 알기를 바랍니다."[35]

2. 남편과 아내의 조화로움을 이루는 '대화적 삶'의 해석

하나님의 제2축복은 한 남성과 한 여성이 개성진리체로서 각각의 개성을 완성한 존재가 되어 부부를 이루어 참가정을 완성하는 것을 뜻한다. 이 참가정을 완성하는 문제는 동서고금을 막론하고 중요한 문제이며 특히 오늘날과 같이 개인주의와 성해방 풍조 그리고 물질 만능주의라는 가치관의 팽배로 인해 이혼율의 증가와 그에 따른 아동학대, 청소년 탈선 등의 사회 문제들과 관련하여 절실한 삶의 문제가 되어가고 있다. 이러한 가정완성의 문제에 대해 『원리강론』에서는 다음과 같은 원론적인 설명을 제시한다.

---

35) 『訓敎經』, 462.

　　"하나님의 제2축복을 이루기 위하여는, 하나님의 이성성상이 각각 개성을 완성한 실체대상으로 분립된 아담과 해와가 부부가 되어 합성일체화함으로써 자녀를 번식하여 하나님을 중심한 가정적인 사위기대를 이루어야 한다. 이와 같이 하나님을 중심하고 사위기대를 이룬 가정이나 사회는 개성을 완성한 사람 하나의 모양을 닮게 되므로, 이것은 하나님을 중심한 인간의 실체대상이요, 따라서 하나님의 실체대상이 된다."[36]

　　'남자와 여자는 왜 존재하며, 결혼은 무엇 때문에 해야 하는가' 이 문제는 동서고금을 막론하고 중요한 삶의 근본문제이며 특히 오늘날 선진제국에서처럼 남녀가 결혼했더라도 쉽게 갈라지곤 하는 풍조 때문에 결혼의 신성성과 영원성이 쉽게 상실되고 있는데, 이는 본래의 부부의 모습이 아니다. 통일사상에서는 본연의 부부는 각각 하나님의 양성과 음성의 이성성상 중의 한 성을 대표하는 존재이며 따라서 가정의 절반을 대표하는 존재들이다. 따라서 부부의 결합은 하나님의 창조과정의 최후의 단계이므로 이것은 바로 우주 창조의 완료를 의미한다. 이와 같은 관점에서 볼 때, 통일사상에서의 부부의 결합은 그 가정에 있어서의 하나님의 현현과 우주창조의 완성

------

36) 『원리강론』, 47.

그리고 인류의 통일을 의미한다.[37]

　　　여기서 우리는 참사랑을 중심하고 남편과 아내가 상대 기준을 조성하여 남편이 아내를 사랑하고 아내가 남편을 사랑한다는 사태에 대해 통일사상적으로 좀 더 깊이 숙고해 볼 필요가 있다. 통일사상에서 부부의 조화란 바로 가정적 사위기대를 형성하는 것을 뜻한다. 그렇다면 가정적 사위기대를 형성한다는 것은 무엇을 뜻하는가? 앞서 개성완성을 해야 한다는 제1축복에 대해 설명하면서 말한 바에서 확인할 수 있었듯이 하나님을 중심하고 인격적으로 완성한 남성과 여성이 상대기준을 조성하여 사랑과 미를 주고받는다는 것은 바로 원상 내의 주체와 대상의 조화를 닮는다는 것을 의미한다. 다시 말해 원상 내의 자동적 사위기대를 닮는 것을 말한다. 이것이 바로 남편과 아내가 부부가 되어 합성일체화 한다는 것을 뜻하는 것이다. 더 나아가 부부의 자녀번식은 원상 내의 발전적 사위기대를 닮아 하나님의 인간창조행위를 닮는 것을 뜻한다. 이러한 사태에 대해『통일사상요강』에서는 다음과 같이 명료하게 설명하고 있다.

---

37) 『통일사상요강』, 241~243 참조.

　　"부부가 각각 원상의 모습을 완전히 닮아서 인격자로 성숙한 다음, 창조목적을 중심하고 서로 사랑을 주고받는 수수작용을 하게 되면 하나님의 사랑이 그곳에 임재하게 된다. 가정은 부부의 횡적사랑과 하나님의 종적사랑이 맞닿는 곳이기 때문이다. 이와 같이 하나님의 사랑을 중심하고 완성된 가정이 모여 사회를 이루고 더 나아가서 국가, 세계를 이 지상에 세우게 되면 그것이 곧 지상천국이요, 하나님의 창조이상을 완성한 세계가 되는 것이다."[38]

　　『中庸』에서도 "된 사람의 길이 부부에서 시작된다."[39]고 하였듯이 부부가 참사랑을 중심하고 사랑과 미를 잘 주고 잘 받는 문제는 인간문제와 사회문제 그리고 세계문제를 해결하는 열쇠라고 할 수 있다. 인간이 가지고 있는 지적, 정적, 의지적 능력이 발휘되는 데 있어서도 남자와 여자는 양성적, 음성적 차이를 드러낸다. 따라서 통일사상의 관점에서 볼 때, 남녀의 문제란 참사랑의 사건이라고 하는 이해의 지평 안에서 양성실체와 음성실체로서의 남성과 여성이 각각의 생물학적 그리고 심리적 차이를 차이로서 이해하고 서로 위해주려는 심정적 배려의 힘으로 인해 보다 더 큰 뜻 － 참가정 완성 －

---

38) 『통일사상요강』, 244.
39) 『中庸』, 第十二章 "君子之道　造端乎夫婦"

을 성취하려는 가치지향적 삶의 행위에 동참하는 가운데 천천
히 깨닫게 되는 수수께끼와 같다.

　　결론적으로 말해 한 남성이 한 여성을 맞이한다는 것은
혹은 한 여성이 한 남성을 맞이해 부부가 된다는 것은 서로
다른 이해의 지평가운데 성장한 상대를 자신의 이해의 지평과
부딪치게 한다는 것을 뜻한다. 그런데 이러한 이해지평의 부
딪침은 결코 간단하고 쉬운 일이 아니다. 통일사상에서 결혼
이란 남녀가 서로 상보적 관계, 즉 주체와 대상의 관계를 그
관계로서 제대로 이해하고 물질적, 정신적으로 서로 배려하고
마음 쓰는 계속되는 보살핌 가운데 꽃피우게 되는 최고의 삶
의 예술이라 할 수 있다.

3. 인간과 자연의 공생(共生)을 위한 '참여적 삶'의
해석

하나님의 제3축복은 하나님의 형상적, 상징적 실체대상인 인간과 자연이 서로 사랑과 미를 주고받아 합성일체화하는 것을 뜻한다. 이러한 사태를 주관적 사위기대를 완성하는 것이라고 『원리강론』에서는 다음과 같은 원론적인 설명을 제공한다.

> "하나님의 제3축복은 만물세계에 대한 인간의 주관성 완성을 의미한다. 인간이 이 축복을 이루기 위하여는, 하나님의 형상적 실체대상인 인간과 그의 상징적 실체대상인 피조세계가 사랑과 미를 주고받아 합성일체화함으로써, 하나님을 중심한 주관적인 사위기대가 이루어져야 한다."[40]

이를 『통일사상요강』에서는 인간이 하나님의 주관성을 닮는다는 것으로 설명하며 이는 곧 하나님의 창조성을 닮는 것으로 설명하기도 한다. 하나님의 창조성이란, 심정(사랑)을 중심으로 하여 대상(신생체)을 만드는 능력을 말하는데, 하나님은 이 창조성으로 인간 및 만물을 창조하고 주관하시는 것

---

40) 『원리강론』, 48-49.

이다. 인간이 타락하지 않고 완성한다는 것은 바로 이와 같은
하나님의 창조성을 온전히 닮는다는 것을 의미한다. 그리하여
인간이 온전한 의미에서 만물의 주관자로서 자연세계에 대한
관리와 보살핌 그리고 책임을 떠맡는 일을 감당해 내야 하는
것이다.[41]

사실 인간이 하루하루 살아가는 일은 모두 만물주관 활
동이며 자연에 대해 창조성을 발휘해 심정(진리)사건을 일으
켜 자신의 심정적 거주의 세계를 이루어간다는 것을 의미한다
고 볼 수 있다. 이러한 심정(진리)사건에 있어 인간의 창조성
은 대단히 중요한 역할을 하는데『통일사상요강』에서는 인간
의 창조성에 대해 다음과 같이 설명하고 있다.

"창조성은 사위기대의 측면에서 보면, 내적 사위기대와 외적
사위기대를 형성하는 능력을 말한다. 따라서 농업에 있어서 농민
은 새로운 아이디어(창조성)를 가지고 창의적으로 보다 많은 수
확을 올리고자 노력하게 된다. 상업에 있어서도 아이디어와 창의
력이 없으면 성공하지 못한다. 요컨대 농업, 광업, 공업, 상업, 임
업, 어업 등은 모두 인간의 창조성 발휘의 대상이며 만물의 주관
이다. 과학이나 예술도 만물주관의 범주에 들어가며, 사회를 주

---

41)『통일사상요강』, 35~351 참조.

관하는 것, 즉 정치하는 것도 만물주관 속에 속한다."[42]

우리가 위의 인용에서 알 수 있듯이, 이렇듯 중요한 인간의 만물주관 활동에 있어서의 창조성 발휘문제는 이기적으로 오용되거나 공공적 선을 파괴하는 쪽으로 남용되는 것을 방지하는 문제와 연관하여 생각해 볼 점이 있다. 그것은 바로 창조성을 키우는 주관성 완성을 위한 교육 ― 지식교육, 기술교육, 체육 ― 에 있어서 이러한 개별교육은 심정교육, 규범교육이라는 보편교육을 바탕으로 균형적으로 병행되어야 한다는 것이다. 이는 오늘날 인성교육과 교양교육이 경시되고 기능교육 위주로 치닫는 사회와 대학교육의 현실에서 볼 때, 시사하는 바가 크다고 할 수 있다. 인격자교육, 선민(善民)교육 그리고 천재교육을 지향하는 방향으로 나아가야 한다는 통일사상의 교육철학은 인성교육과 교양교육이 총체적인 위기에 처한 오늘날 그래서 인간 소외와 인간성 상실의 문제로 각종 현실적인 범죄의 굴레에서 몸살을 앓고 있는 우리들에게 새로운 희망의 빛을 가리키고 있는 것이다.

---

42) 『통일사상요강』, 351.

4. 심정적 '삶의 해석'을 통한 고향 상실 극복과 거주함의 통일사상적 의미

우리는 지금까지 21세기를 생명과 평화의 신(神)문명의 시대로 인도하시려는 문선명 선생의 가르침의 근간인 『원리강론』과 『통일사상요강』에 나타난 3대 축복의 삶, 즉 심정적 삶의 현상과 해석에 대해 고향 상실의 시대에 인간의 거주함의 통일사상적 의미를 생각해보며 풀이하고 음미해 보았다. 우리 모두가 이상으로 삼는 심정적 삶에 대해 해석학적인 풀이와 음미를 해 보았는데, 그 일이 제대로 되어 심정적 삶과 거주함이 뜻하는 바가 독자들에게 공감과 울림을 주는 가에 대해서는 필자의 입장에서 솔직히 조심스럽기만 하다.

자신이 타락한 존재라는 자각 없이, 후기 자본주의가 만들어 내는 번영의 비참 속에 물질주의와 소비주의 그리고 향락주의라는 가치관에 몸을 맡긴 채 살아가는 수많은 현대인들에게 『원리강론』과 『통일사상요강』은 우리가 심정적 존재임과 더불어 심정적 삶(거주)을 살아야 함을 가리키고 있다. 심정적 삶(거주)은 우선, 참사랑을 중심하고 마음과 몸이 온전한 주체와 대상의 관계를 이루어 하나 되는 과정 속에서 현상한다. 따라서 오늘날과 같이 육심의 욕망이 생심의 욕망을 앞서고 또 그러한 삶이 현실적으로 당연하다고 여겨지는 일상 속에서 생심의 욕구, 즉 眞, 善, 美, 聖을 앞세우는 삶에로 전향(轉向)할 때 비로소 심정적 삶의 본래성을 회복할 수 있고 그러한 의미에서 아직도 우리에게는 수행의 과제가 남아져 있음을 문선명 선생은 역설하시는 것이다. 통일사상의 관점에서 볼 때, 종교의 근본문제는 생심의 가치지향적 생활과 육심의 물질지향적 생활을 주체와 대상의 관계로서 조화를 이루게 하는 중용의 지혜를 가르쳐주는 일이라고 할 수 있을 것이다. 그러므로 통일사상에서의 마음과 몸의 '통일적 삶'에 관한 담론은 인간의 행복과 평화에 관한 뿌리되는 가르침인 것이다. 다음으로 심정적 삶은 남편과 아내가 참사랑을 중심하고 사랑과 미를 잘 주고 잘 받아 아름다운 안식처(가정)를 만들어가는 '대화적 삶'에로 나아갈 때 그러한 과정 속에서 또한 현상한다. 우리는 부부가 신체적 그리고 정신적으로 조화를 이루고 그 가운데 자녀들의 성장이 원만히 이루어져 가는 가정문화 속에서 또한 심정적 삶의 현상을 목격할 수 있는 것이다. 마지막으로 자연과 더불어 살아가는 인간이 참사랑을 중심하고 자연과 인간의 공생(共生)을 위한 심정(진리)사건에 참여하는 삶을 통해 역시 심정적 삶의 현상을 우리는 체휼할 수 있음을 살펴보았다. 심정적 존재인 인간은 자신이 처한 자연이나 환경과 더불어 살아가게 마련인데 심정을 바탕으로 자신의 지적, 정적 그리고 의지적 기능을 발휘하여 자연세계에 침입사건을 감행하게 된다. 이러한 심정을 바탕으로 존재자 전체에로의 침입사건을 통해 인간은 비로소 심정문화세계를 창조해가는 것이다. 이러한 심정문화세계, 다시 말해 진정으로 안식할 수 있는 고향세계 안에서 비로소 인간은 제대로 거주(삶)할 수 있는 것이다. 통일사상의 입장에서 볼 때, 인간의 거주함은 개체적, 가정적 그리고 주관적 사위기대가 실현된 세계 안에서 살아가는 사태를 뜻한다. 그러한 사위기대 안에서 마음과 몸, 남편과 아내 그리고 인간과 자연이 각각 원만한 수수작용을 통해 훌륭한 개인과 아름다운 가정 더 나아가 이상적인 환경을 창조해가는 계속되는 과정이 곧 거주함이다.

　　　물질주의와 소비주의 그리고 향락주의라는 가치관 속에서 자기상실, 가정의 해체 그리고 환경문제로 고향을 상실해 가고 있는 오늘날, 통일사상에서의 심정적 삶과 거주의 철학은 현대문화적 삶의 위기 속에서 허덕이는 최후의 인간들이 다시금 주목해야 할 이정표(Weg-marken)이다. 그리고 삶이라는 숲길의 길목마다 그 이정표를 뚜렷하고 선명하게 세우는 일은 심정진리의 맛을 먼저 본 사람들의 본성에서 우러나오는 자연스러운 참사랑의 실천일 것이다.

기술시대와 심정적 삶 :
기술문명에 대한 통일사상적 숙고

기술은 우리의 **운명**이다.(하이데거, 1945)

21세기의 가장 중요한 이슈는

기술이 아니고 **인간**개념에 관한 문제이다.(J. 바이젠바움, 1976)

기술은 만물주관의 직접적인 **수법**이다.(통일사상요강, 1993)

1. 기술문화적 삶의 위기와 심정적 가치의 발견

이 장(제4장)에서 우리는 오늘날 우리 삶의 성격을 결정짓고 있는 자유민주주의와 자본주의 시장경제 그리고 과학기술문명 중 과학기술문명에 대한 통일사상적 반성을 시도하고자 한다. 왜냐하면 우리는 자본주의적 삶의 논리와 기술문명 속에서 심한 상처와 인간성 상실 그리고 환경문제 등 심각한 문제를 겪고 있기 때문이다. 오늘날 전 세계적으로 인정받고 있는 보편적 가치 중에 우리는 과학과 기술이라는 축을 간과할 수 없을 것이다. 많은 사람들이 우리가 살아가고 있는 지금을 '디지털 시대', '인터넷 시대', '지식정보화 시대'라는 말로 규정하고 있다. 한편 많은 국가들에서는 전 세계적 차원에서 보편적으로 받아들여지고 있는 삶의 모던적 가치(근대성)로 자유민주주의, 자본주의 시장경제 그리고 첨단과학과 기술을 뿌리내리게 하려고 총력을 기울이고 있다. 이러한 오늘날의 세계적 상황을 고려해본다면, 현재 우리의 삶과 세계를 지배하고 있는 힘은 유럽과 미국을 중심한 서구적 가치이며 이것은 또한 서구의 형이상학에 뿌리를 두고 있다는 사실을 확인할 수 있다. 지금 세계를 하나로 묶어주고 있는 힘인 자유민주주의, 자본주의 시장경제 그리고 과학과 기술은 모두 유럽적 형이상학의 필연적 귀결인 것이다.[43]

그렇다면 지금 전 세계의 분위기와 성격을 규정하고 있는 것은 서구의 생각이 아닌가? 다시 말해 서구인들의 '존재를 보는 눈(Seinsverstaendnis, 존재이해)'에 의해 세계가 움직이고 있는 게 아닌가? 이러한 특정한 관점과 가치를 절대로 상

---

43) K. Held, "Die Entdeckung der Welt als Ursprung Europas", 1996년 2월 26일 한국현상학회에서 발표된 원고 참조.

정하려는 동일성의 폭력의 상황에 직면해 있는 우리는 삶의 모든 분야에서 '세계화'와 '지역화'(한국화)의 조화를 통한 주체적인 삶의 문화를 만들어가야 하는 시대적인 과제를 떠맡고 있는 것이다. 그러한 과제 중에 서구인들의 일방적인 '존재관'으로 인한 생태계 문제와 특히 왜곡된 기술문명의 힘에 근거한 성(性)문화의 혼란으로 인한 인간성 상실 문제, 가정의 해체 그리고 신민족주의와 종교간의 갈등문제가 21세기 인류의 당면문제로 여전히 남아 있다.[44] 그런데 필자가 보기에 이러한 여러 문제들의 이면에는 단순한 현상적 차원의 문제를 넘어선 '세계관'(世界觀)의 문제가 깔려 있다. 그것이 바로 '기술적 세계관'인 것이다. 서구에서 특히 근대 이후 계몽의 세례를 받은 인간은 신(神)을 대신하여 주체(Subjekt)의 자리에 올라서서 세계와 우주전체에 대한 지배의지를 확장시켜 왔다.(주체의 형이상학) 삶의 전반에 걸쳐 인간의 (권력)이성으로 장악하고 해석하는 힘을 관철시켜 온 것이다. 물론 발달시킨 과학과 기술로 인해 인류의 문명이 발달한 측면이 있는 것도 사실이다. 그리고 과학기술적 세계관으로 인해 발생한 모든 문제

---

44) 김동규, 「21세기 인류의 공통문제와 통일사상의 역할」, 『통일사상연구』 (창간호), 통일사상학회, 2000. 1~5; 최병환, 『철학의 제문제와 통일사상』, 아산: 선문대 출판부, 2005 참조.

들을 해결함에 있어서도 과학과 기술에 의존하지 않고서는 해결될 수 없는 것이 지금의 현실이다. 그렇다면 이러한 운명적인 시대에 우리는 어떻게 해야 하는가?

하나님과 절대가치(심정적 가치)를 철저히 배제하는 무신론적 경향이 전 학문영역과 생활세계를 지배하고 있는 오늘날, 통일사상에서는 이에 대해 어떻게 응대해야 하는가? 학문(과학)통일의 기초로서 통일사상을 제시하여 모든 개별과학의 토대를 놓으려는 학문적 노력은 현대 학문세계의 기저에 전제되어 있는 근본경향과 방법론 등을 완전히 새로운 **심정론적 패러다임**으로 되돌리려는 실존적 결단이다. 따라서 통일사상을 중심하고 학문을 하는 자의 사명과 과제는 심정과 참사랑의 원리를 모든 (개별)학문함의 근본정신과 방법론 논쟁에 반영하여 학문함의 문화를 서서히 그러나 근본적으로 개혁하는 일이 될 것이다. 이러한 시대적인 문제의식을 공유하면서 본 장에서는 오늘날의 기술문화적 삶의 위기에 관해 통일사상의 관점에서 반성, 비평함으로써 기술문화가 나아가야 할 바를 제시함과 동시에 이제까지의 기술철학적 논의들과 통일사상의 기술이해를 대비시켜 고찰해보는 작업을 바탕으로 앞으로 통일사상에서의 기술철학적 과제에 대해 생각해보고자 한다. 이러한 작업은 오늘날 맹목적인 기술문화추구로 인한 삶의 위기를 치유하고 통일사상에서 본 기술철학 정초작업의 토대를 마련해 줄 것이다.

　　이러한 연구를 위해 먼저 기술과 기술문화시대의 의미를 통일사상의 '주관'개념과 관련지어 살펴볼 것이다. 그런 다음 통일사상에서 말하는 인간의 창조성과 주관교육(기술교육)에 대한 이해를 바탕으로 '기술'에 대해 논구하고자 한다. 통일사상의 입장에서 보면, 기술은 인간의 창조성의 한 결과이기 때문에 인간의 창조성에 대한 통일사상적 해명을 통해 기술현상과 기술문화적 삶의 위기에 대해 비평해 볼 수 있을 것이다. 마지막으로 현대 기술철학 또는 기술신학에서 나오고 있는 기술담론을 고려하여 통일사상의 기술이해를 존재론적 차원에서 규명해야 하는 노력(통일기술철학의 정초)이 절실함을 문제제기하고자 한다. 이와 같은 기술과 기술문화에 대한 **기술철학적** 그리고 **심정철학적 물음**은 21세기 통일사상이 지향하는 진정한 웰빙문화인 **심정문화**를 디자인하는데 중요한 통찰을 제공할 수 있을 것이다.

2. 기술문화시대와 통일사상의 「주관」개념

우리는 나날의 삶을 기술과 더불어 살아가고 있다. 아침에 일어나 씻고 밥해 먹는 일에서부터 밤에 잠자리에 들기까지 그야말로 기술로 시작해서 기술로 마감되는 삶을 살고 있다. 그리고 전공을 불문하고 어떠한 '기술'자격증이라도 없으면 왠지 모를 죄책감마저 느끼며 살아가고 있는 실정이다. 그리고 '문맹'이나 '환맹(環盲)[45] 보다는 '컴맹'이니 '넷맹'이라는 소리가 듣기 두려워, 원시인취급을 받기 두려워, 일부러 컴퓨터 모니터 앞에 앉아 시간을 보내기도 한다. 아니 이제 컴퓨터는 우리의 삶의 필수품이 되었다. 인터넷 없는 삶은 상상할 수 없게 되었다. 요즘 공공연하게 나오는 말 중에 컴퓨터 중독이니 인터넷 중독환자 그리고 사이버 공간, 사이버 공동체, 테크노철학 등에서도 볼 수 있듯이 기술은 이제 우리의 의식과 삶 전체를 송두리째 지배하고 있는 것이다. 그런데 이렇듯 기술과 더불어 살아가는데도 막상 '기술이란 무엇인가' 하고 물음을 던지면 선뜻 대답하기가 곤란해진다. 아니면 너무나 자명

---

45) 환경 문제에 눈 먼 사람. '내 몸'을 살리는 '내 큰 몸'인 자연과 농사와의 관계에 무지한 사람. 환맹이라는 용어는 시인 박노해에 의해 사용된 바 있다. 박노해, 「용서받지 못한 자」, 『사람만이 희망이다』, 해냄, 1997, 140.

하기 때문에 오히려 물음을 던지는 자가 우스운 꼴이 되어 버린다. 그러나 비트겐슈타인이 언급한 바대로 "아무도 묻는 이가 없으면 아는 듯 하다가도 막상 설명을 해야 할 때 말문이 막혀 버리고 마는 그것은, 사람들이 곰곰이 성찰해 보아야 할 어떤 것이다."[46]

그렇지만 여전히 기술에 대한 물음은 무겁고 어렵게만 느껴진다. 그러므로 우선 기술에 대한 우리의 일상적 이해를 가리키고 있는 사전적 정의에서부터 살펴보도록 하자. 흔히 사전에서는 기술을 다음과 같이 정의 내리고 있다. 기술이란 "만들거나 짓거나 하는 재주, 솜씨, 방법" 또는 "물질을 사람의 생활에 이롭게 잘 쓰는 방법이나 수단".[47]

우리가 기술에 대한 사전적 정의에서 알 수 있는 것처럼 흔히 '기술'이라 하면 '어떤 일을 효율적으로 처리하는 도구' 또는 '인간의 노동을 감축시키고 변형시키는 방법, 매체' 정도로 이해하고 있다. 그리고 이러한 기술에 대한 평가는 크게 3가지, 즉 긍정적 평가, 부정적 평가 그리고 중립적인 평가로 나누어 생각해 볼 수 있다. 먼저 기술에 대한 긍정적 평가

---

46) L. Wittgenstein, Philosophische Untersuchunge, Nr. 89, New York: The Macmillan Company, 1961, 42.
47) 『연세 한국어사전』, 연세대학교 언어정보개발연구원 편, 두산동아, 1998, 264.

자로는 데사우어(F. Dessauer) 같은 이를 들 수 있겠다. 데사우어는 다음과 같이 말한다.

> "사람들은 기하학적인 방식뿐만이 아니라 기술적인 방식을 통해서 합리적이고 효율적으로, 감정을 앞세우지 않고 한층 더 실리적으로, 그래서 훨씬 더 효과적으로 계획을 세우고 탐구한다. 이 시대 이후로 기술은 갈수록 풍족하게 자유와 시간, 또한 문화를 위한 수단을 제공하며, 그 전에는 즐길 수 없었던 대단히 많은 사람들에게 그 기회를 제공해 준다. 서구로부터 퍼져 나온 인류의 기본 태도는 대단히 합리적이고 실용적인 특징을 가진다. 수많은 불행의 원인들이 퇴치되었고 헤아릴 수 없는 많은 이로운 일들이 행해졌다."[48]

이렇듯 데사우어는 기술이 가져온 생활의 편리와 이로운 점을 높이 평가하고 있다. 반면에 현재의 환경오염과 기계적인 인간관계 그리고 성스러움의 상실 등과 같은 이유로 기술을 부정적으로 평가하는 사람들도 있다. 그런가 하면 기술 자체는 선도 아니고 악도 아닌 가치중립적인 것이라고 말하는 사람들도 있다. 중요한 것은 인간이 어떻게 사용하느냐에 달렸다는 말이다. 그래서 야스퍼스는 이렇게 말한다.

---

48) 이기상 편역, 『주제별 철학 강의』, 동아출판사, 1991, 84.

"어떻든 분명한 것은 기술이란 수단일 뿐이지 그 자체는 선도 아니고 악도 아니라는 사실이다. 기술이 인간에게 어떻게 봉사하고 어떤 조건하에서 인간이 기술을 설정하는가에서 인간이 조명되는 것이 무엇보다 중요하다. 여기에서 문제가 되는 것은 종국적으로 기술을 통해서 인간이 어떤 존재로서 나타나는가 하는 것이다. 기술은 그러한 기술을 실현시키는 것과는 독립해 있는 자립적인 존재로서 일종의 공허한 힘이며 결국은 목적에 대한 수단의 마비적 승리인 것이다."[49]

이상의 논의를 통하여 우리는 기술을 인간 자신이 살아감에 필요해서 발명해 내거나 개발해 온 도구 또는 장치 등으로 이해할 수 있다. 그리고 이러한 기술에 대한 평가는 3가지 정도가 있다는 사실도 확인하였다. 그렇다면 통일사상에서는 이러한 기술에 대해 어떠한 철학적 이해를 제시하고 있는가?

통일사상 교육론에서 교육의 3형태(심정교육, 규범교육, 주관교육)를 말할 때, 특히 주관교육(지식교육, 기술교육, 체육)설명에서 우리는 '기술' 교육이란 개념을 발견하게 된다. 따라서 필자는 통일사상의 '기술' 이해를 이 '주관교육' 개념에서부터 전개해보고자 한다. 통일사상에서는 '주관교육' 개념을

---

49) K. Jaspers, 『역사의 기원과 목표』, 백승균 옮김, 이화여대 출판부, 1986, 207.

이렇게 설명하고 있다.

　　"주관교육은 주관성 완성을 위한 교육이다. 주관성 완성을 위해서는, 먼저 주관의 대상에 대한 정보, 즉 지식을 습득해야 하는 바, 이것을 위해서 첫째로 지식교육(知育)이 필요하다. 다음은 대상을 주관하는데 필요한 창조성을 개발하기 위해서 기술을 습득하는 교육도 필요하다. 이러한 교육이 기술교육이다. 그리고 주관을 잘 하려면 주관의 주체인 인간은 체력을 증진시키지 않으면 안 된다. 그것을 위한 교육이 체육(體育)이다. (중략) 지육(知育)에 있어서 주관에 필요한 지식과 학문은 주관의 대상의 영역에 따라서 자연과학을 위시하여 정치, 경제, 사회, 문화 등 광범위한 분야에 걸치게 된다. 정치, 경제, 사회, 문화 분야 등의 활동도 모두 만물주관의 개념에 포함되기 때문이다. 기육(技育)에 있어서의 기술은 만물주관의 직접적인 수법으로서 주관교육의 중심이 되며, 체육에 있어서의 체위(體位)의 향상과 체력의 증진도 만물주관에 긴요함은 물론이다."[50]

　　우리가 위의 인용에서 알 수 있는 바와 같이, 통일사상에서 기술교육은 주관교육의 범주에 속하는 것으로 "기술은 (인간의)만물주관의 직접적인 수법이다." 통일사상에서 기술

---

50) 『통일사상요강』, 369~370.

은 인간이 다른 존재자들(만물)을 주관하고 관리하는 수단과 방법으로 이해되고 있다. 다시 말해, 인간과 만물 존재자와의 관계맺음의 한 방식인 것이다. 그런데 여기서 우리가 주의해야 할 사태는 통일사상에서 '주관교육' 했을 때 그 '주관'이라는 개념이다. 흔히 주관하면 인간이 주체가 되어 다른 모든 존재자들을 대상(Gegenstand)으로 마주 세워 인간의 권력의지로 부품화, 상품화시키는 것으로 생각하기 쉽다. 이는 특히 서구 근대철학에서 인간과 다른 존재자(만물)와의 존재위상의 문제에서 굳어진 생각이다. 서구 근대철학은 한 마디로 '인간 의지의 현상학'이라 할 수 있다. 서양철학에서의 전반적인 경향은 모든 존재자들 중에 인간을 최고의 자리에 놓고 모든 철학적 담론을 전개해나가는 데 있다. 이것이 바로 인간중심주의, 이성중심주의이다.[51] 이와 비교하여 통일사상에서는 인간을 하나님을 닮은 형상적 개성진리체로서 모든 존재자들 중에 최고의 자리에 놓지만 인간의 우월성을 인간의 이성에 두지

---

51) 서양 근대철학이 아니 더 나아가 서양철학(형이상학) 전체가 어떻게 해서 이성중심, 인간중심으로 치달아 현대의 기술(Ge-stell) 형이상학으로 완성되었는가에 대해서는 다음의 글들을 참조. Heidegger, M., "Überwindung der Metaphysik", Vorträge und Aufsätze(GA7), Neske Pfullingen, 1978; "Die Zeit des Weltbildes", Holzwege(GA5), Vittorio Klostermann Frankfurt a. M., 1977.

않는다. 통일사상은 이성중심주의, 인간중심주의가 아니다. 그것은 바로 통일사상의 심정이라는 개념 때문이다. 통일사상의 인간이해의 핵심은 인간을 심정적 존재로 보는 데 있다. 통일사상에 의하면, 하나님을 닮아 창조된 인간의 본질은 심정이며 이성도 이 심정이 동기가 되어 작용하고 발휘되는 것이다.[52] 그러므로 통일사상은 인간중심이라기보다 하나님중심, 심정중심이라고 말할 수 있겠다.

통일사상에서 말하는 인간의 주관은 다른 만물 존재자(상대물)들의 가치를 충분히 발휘하고 드러내 주려는 관리요 보살핌이다. 그러므로 주관하는 데 필요한 기술 역시 다른 만물들의 가치를 온전히 밝혀내는 관계맺음의 양상이 된다. 기술은 인간이 다른 만물들의 가치와 미를 드러내려고 할 때 사용되는 인간의 만물에 대한 독특한 애정표현이다. 그런데 이러한 기술은 하나님의 창조성을 닮은 온전한 인간의 창조성의 결과물이어야 한다. 그러므로 우리는 통일사상의 기술이해를

---

52) 통일논리학에 의하면 인간이 생각하게 되는 이유는 바로 하나님이 우주 창조에 앞서서 먼저 생각하였기 때문이다. 하나님은 우주창조에 앞서, 심정을 동기로 하여 사랑을 실현하고자 하는 목적을 세워 가지고, 그 목적에 부합되는 내용을 마음속에 구상하신 것이다. 이것이 생각이요, 로고스(말씀)이다. 그러므로 하나님을 닮아 창조된 인간도 심정을 동기로 하여 사랑을 실현하기 위한 목적을 세워 놓고, 그 목적 달성을 위해서 생각하는 것이 본연의 생각의 자세이다. 『통일사상요강』, 625~628 참조.

 심정사유의 숲길 : 삶/기술/예술에 대한 통일사상적 숙고

밝히는 작업을 함에 있어 인간의 창조성에 대한 철학적 이해를 살펴보지 않을 수 없다.

3. 통일사상의 「인간」 이해와 창조성 그리고 주관(기술)교육

통일사상에 의하면, 하나님을 닮아 창조된 인간은 **심정적 존재, 로고스적 존재**이며 또한 **창조적 존재**이다. 통일사상은 심정, 로고스 그리고 창조성을 하나님의 속성 중 현실적인 문제 해결과 관련하여 가장 중요한 속성들이라고 본다.[53] 그런데 여기서는 우리의 기술이라는 사태(Sache)와 관련하여 창조적 존재로서의 인간, 즉 인간의 창조성에 대해 논구해보고자 한다.

구·신석기 문명에서부터 디지털문명으로 대변되는 오늘날의 문명에 이르기까지, 역사적 과정에서의 모든 인류문명은 인간의 창조성의 결과라고 볼 수 있다. 이렇듯 인간은 자신이 처해 있는 낯설고 두려운 세계를 자신의 고향의 세계로

---

53) 『통일사상요강』, 248~258 참조.

만들어 가는데, 통일사상에서 볼 때, 이러한 심정적 고향 만들기 작업은 바로 인간이 자신의 창조성을 발휘함으로써 가능한 것이다. 그런데 통일사상에서는 이러한 인간의 창조성은 하나님의 창조성을 닮아야 한다고 역설한다. 이 말은 인간의 창조행위는 절대가치 내지 심정적 가치를 지향하고 있다는 것이다. 이러한 인간의 창조행위가 '심정'과 (창조)'목적'을 지향하지 못할 때, 이기심 때문에 왜곡되어, 온전한 의미에서의 창조성이 발휘되지 못하게 되는 것이다. 창조성에 관한 통일사상의 이해를 좀 더 살펴보기로 하자.

우리는 흔히 "무에서 유가 나왔다"느니 혹은 "하나님이 무에서 세계를 창조하였다"는 말을 듣는다. 그런데 하나님이 어떻게 이 (물질)세계를 창조할 수 있고 또 창조하게 되는지에 관한 구체적인 설명은 좀처럼 들어보지 못하는 것이 사실이다. 통일사상에서는 이에 대해 다음과 같이 설명한다.

"하나님(原相) 내부에는 다음과 같은 2단계의 수수작용이 행하여졌는 바, 그 첫째는 내적 수수작용이요 둘째는 외적 수수작용이다. 내적 수수작용은 심정에 의해 세워진 목적을 중심하고 내적성상과 내적형상 사이에 벌어진 수수작용으로서 이 수수작용에 의해서 로고스가 형성되었다. 그리고 외적 수수작용은 동일한 목

적을 중심하고, 同로고스와 형상(본형상) 사이에 벌어진 수수작용
으로서 이 수수작용에 의해서 피조물이 생성되었던 것이다. 이 2
단계의 수수작용은 바로 2단계의 발전적 사위기대의 형성을 의미
한다. 따라서 하나님의 창조성이란 결국 이 2단계의 발전적 사위
기대 형성의 능력, 즉 내적 발전적 사위기대 및 외적 발전적 사위
기대 형성의 능력이다."[54]

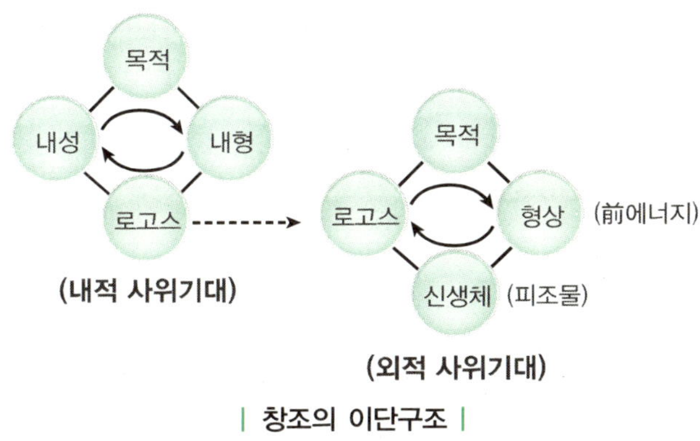

| 창조의 이단구조 |

　　　이러한 하나님의 창조성 설명에 비추어 인간의 창조성
을 유비적으로 생각해 볼 수 있다. 인간이 무언가를 창조하려
고 할 때, 우선 내적 사위기대가 형성되는데, 이것은 바로 구
상하는 것 또는 새로운 아이디어를 개발하는 것이다. 그리고

---

54) 통일사상연구원, 『통일사상요강』, 성화사, 1993, 249.

외적 사위기대 형성은 그 구상 혹은 신(新)아이디어에 따라 인간이 기계와 원료를 적절히 사용(수수작용)해서, 구상대로의 새로운 제품을 만들어 내는 것을 뜻한다. 인간은 하나님의 창조성을 닮아 다른 동, 식물과는 비교할 수 없는 수준의 창조의 능력을 가진 존재이다.

그렇다면 하나님은 왜 인간에게 창조성을 부여하셨는가? 그리고 부여받은 창조성을 개발한다는 것은 무엇을 뜻하는가? 통일사상에서는 인간이 만물에 대해 창조주의 입장에 서게 하여 만물에 대한 주관 자격을 얻도록 하기 위함이었다고 역설한다. 그리고 **만물주관**과 **창조성 개발**에 대해 다음과 같이 설명한다.

"만물주관이란 만물을 아끼고 소중히 하면서, 그 만물을 마음대로 다루는 것을 말한다. 바꾸어 말하면 인간이 사랑의 마음을 갖고 여러 가지의 사물을 다루는 것을 만물주관이라 하며, 여기에는 인간 생활의 거의 모든 영역이 포함된다. 예컨대 경제, 산업, 과학, 예술 등이 모두 만물주관의 개념에 포함된다. 지상의 인간은 육신을 쓰고 살기 때문에 거의 모든 생활영역에서 물질을 다루고 있다. 따라서 인간생활 전체가 만물주관의 생활이라고 해도 과언이 아니다."[55]

"창조성의 개발이란, 요컨대 하나님의 창조의 2단 구조를 본받아 내적 사위기대 형성의 능력을 증진시키고 외적 사위기대 형성의 숙련도를 높인다는 뜻이다. 내적 사위기대 형성의 능력이란 로고스의 형성 능력, 즉 구상의 능력을 말한다. 그러기 위해서는 지식교육을 통하여 지식을 많이 획득하여 내적형상(관념, 개념 등)의 내용을 질적, 양적으로 높이지 않으면 안 된다. 따라서 얻은 지식(정보)이 많을수록 구상이 풍부해진다. 로고스를 형성한다는 것은 소위 아이디어의 개발을 뜻하며, 산업에 있어서의 기술혁신도 부단한 로고스형성(구상)의 반복에 의해서 이루어지게 된다. 다음에 외적 사위기대 형성의 능력을 양성한다는 것은 일정한 구상에 따라 도구나 재료를 사용하여 구상을 실체화하는 능력을 높이는 것, 즉 외적 수수작용의 숙련도를 높이는 것을 말한다. 그러기 위해서는 기술교육이 필요하다."[56]

우리의 생활세계는 이렇듯 끊임없는 창조성의 개발과 더불어 만물주관, 즉 만물(다른 존재자)과의 관계맺음 속에서 이루어진다. 우리의 만물과의 관계맺음은 우리의 의식 내부에만 머무르는 것이 아니다. 통일사상에서 말하는 인간과 만물과의 관계맺음은 후설(E. Husserl, 1859~1938) 식의 '의식의

---

55) 『통일사상요강』, 82~83.
56) 『통일사상요강』, 370.

현상학'으로 다 잡아낼 수 없다. 우리의 만물과의 교섭은 구체적인 몸(신체)으로 부딪쳐가며 관계 맺는 것이다.[57] 하나님을 닮아 창조된 인간 그리고 구체적인 세계 안에 존재하는 인간은 사유(생각)나 언어로만 만물(다른 존재자)들을 만나거나 관계맺는 것이 아니다. 통일사상에 의하면 인간은 심정의 충동력에 의하여 知的, 情的 그리고 義的활동을 하게 된다. 그런데 인간의 知的, 情的 그리고 義的활동이 모두 물질을 다룬다는 공통점이 있기 때문에 이러한 전체의 문화활동도 사실은 인간의 창조성에 의한 주관활동인 것이다.[58]

---

57) 후설은 초기에 '의식의 지향성'(intentio) 개념을 중심으로 하는 '의식의 현상학'을 강조하다 후기에 가서는 '생활세계'(Lebenswelt) 개념을 사용해 '생활세계의 현상학'을 전개시켰다. 이러한 생활세계의 현상학의 영향 아래 하이데거나 메를로-퐁티 같은 철학자들은 자신들의 철학적 문제의식에 입각하여 현존재(Dasein) 분석의 방법이나 신체의 현상학으로 개척해 나갔다. 글쓴이는 통일사상에서 수없이 나오는 인간과 만물과의 관계맺음의 현상을 후설이 말하는 '생활세계' 개념 또는 하이데거의 '세계-내-존재'(In-der-Welt-sein)라는 개념과 관련해서 철학적 혹은 존재론적인 깊은 의미를 발굴할 수 있다고 본다. 여기서는 논의의 주제를 너무 벗어나기에 다만 참조할 수 있는 책들을 소개만 하기로 한다. Husserl, E., Die Krisis der europäischen Wissenschaften und die transzendentale Phänomenologie, Felix Meiner, Hamburg 1982.(『유럽 학문의 위기와 선험적 현상학』, 이종훈 옮김, 한길사, 1997).; Heidegger, M., Sein und Zeit(GA2), Vittorio Klostermann Frankfurt a. M., 1977 (『존재와 시간』, 이기상 옮김, 까치, 1998); 한국현상학회 편, 『생활세계의 현상학과 해석학』, 서광사, 1992.
58) 『통일사상요강』, 69~70 참조.

통일사상에서 **주관(기술)교육**의 특징은 인간과 만물(다른 존재자)과의 존재위상의 설정과 인간의 창조성을 책임분담(책임의식, 책임의 원칙)과 함께 고려한다는 점에 있다. 다시 말해서 인간과 만물을 비록 형상적 개성진리체와 상징적 개성진리체라고 보며 주체-대상의 관계로 설명하지만 이것은 흔히 서양철학에서 말하는 주-객 분리의 관점과는 다른 것이다. 특히 서양 근대철학의 인식론적 패러다임에서는 인간이 이성적 작업(과학과 기술)을 통하여 자연(대상)에 대해 거리두기(ditantiation)를 할 수 있었으며 인간만이 주체의 자리에 서는 것이 가능하게 되었다. 그리고 점점 인간의 이성은 권력이성이 되어갔으며 "나는 생각한다. 그러므로 나는 존재한다."(데카르트)라는 서양 근대철학의 출발은 "권력에의 의지"(니체)로 그 종말을 맞게 되었던 것이다.[59] 이에 반해 통일사상에서 말하는 주체-대상논리는 주체가 대상을 일방적으로 지배하여 주체의 세계로 편입시키는 동일성의 폭력이 아니다. 예를 들어, 인간과 자연을 주체와 대상의 위상에 두고 보았을 때, 인간이 일방적으로 자연을 정복하고 지배한다는 의미가 아니다. 통일사상의 주체-대상논리에는 언제나 그 주체-대

---

59) Heidegger, M., "Überwindung der Metaphysik", Vorträge und Aufsätze (GA7), Neske Pfullingen, 1978 참조.

상의 긴장을 극복하고 뛰어넘을 수 있는 한 차원 높은 '심정' 또는 '(창조)목적'을 상정하고 있다. 그래서 바로 이 '심정' 또는 '목적'에 의해 자칫 갈등과 대립관계로 치닫기 쉬운 주체—대상은 원만하고 조화로운 관계를 유지하게 되는 것이다.

다음으로 통일사상의 주관(기술)교육의 설명에서 주목할 점은 흔히 과학과 기술의 가치중립성이나 무가치성을 주장하는 것과는 다르게 인간의 창조성과 더불어 항상 인간의 책임분담을 함께 생각한다는 것이다. 만물은 (생명의)원리 자체의 자율성과 주관성에 의해 성장하지만 만물을 주관하는 입장에 있는 인간이 만물주관주의 자리에 서기 위해서는 자신의 책임분담을 완성해야 한다. 이 책임분담은 바로 사랑의 마음으로 만물들의 가치를 온전히 탈은폐(脫隱蔽, Aletheia, Unverborgenheit)시키는 방향으로 주관할 수 있게 하는 영인체의 성장, 심정수준의 향상을 뜻한다. "만물주관의 직접적인 수법"인 기술을 절대가치에 바탕해서 심정문화를 확대하는 방향으로 이끄는 힘이 바로 인간의 책임분담 완성에서 오는 것이다. 여기서 "영인체의 성장이란 영인체의 영성의 성숙과 인격의 향상을 뜻한다. 또한 심정 수준의 향상을 뜻한다. 요컨대 하나님의 사랑을 실천할 수 있는 마음 자세의 성장이 바로 영인체의 성장인 것이다."**60)**

통일사상에서 주관(기술)교육에 앞서 이렇듯 책임분담 완성, 즉 영성의 성숙과 인격의 향상을 강조하는 것은 무엇을 말하는가? 그것은 바로 모든 만물주관에 관한 문제는 사실 '인간이란 무엇인가' 하는 본성론의 문제로 귀결된다는 것이다. 인간의 모든 활동, 제도, 규범, 시스템 등을 구상할 때는 언제나 그 밑바탕에 '인간이란 무엇인가' 하는 마루되는 설계(觀)가 있어야 한다. 그렇지 않고서는 어떠한 인간의 주관활동, 예컨대 기술, 과학, 정치, 문화 등을 말하더라도 그 핵심을 놓치게 되는 것이다.[61] 요약해서 말하자면, 진정한 주관(기술)활동은 진정한 사람됨에서 가능한 것이다. 그래서 통일사상에서는 **주관(기술)교육**에 앞서 **심정교육**과 **규범교육**을 강조하고 있는 것이다. 인격자와 선민(善民)이라는 사람의 속성과 가장 대조되는 사람의 속성은 이기심이다.

통일사상에 의하면 인간의 창조성은 바로 이 이기주의, 자기중심주의 때문에 왜곡되는 것이다. 그러므로 21세기를 위

---

60) 『통일사상요강』, 85.
61) 예를 들어, 정치문제에 있어서도 정치이론의 기초로서 인간론의 정초작업이 선행되어야 할 것이다. 이러한 문제의식 아래, 통일사상의 본성론에 입각하여 정치이론의 기초로서의 새로운 인간론을 제시한 바에 대해서는 다음의 논문을 참조. 야가사키 히데노리, 「정치이론 기초로서의 인간성론(새로운 인간관의 확립을 위해)」, 통일사상학회, 『통일사상연구』(제4집), 2003, 159~185.

한 바람직한 인간의 창조활동, 주관(기술)활동은 자기중심성,
이기성을 극복하는 절대가치 혹은 심정적 가치의 발견으로부
터 가능하게 될 것이다.[62] 결론적으로 이러한 이기주의를 극
복한 우리의 만물주관 활동을 통해 살림, 모심(섬김), 비움 그
리고 나눔이라는 21세기가 요구하는 심정문화의 논리와 문법
을 정착시킬 수 있을 것이다.

---

62) 『통일사상요강』, 81~82 참조.; 통일사상연구원 초대원장이었던 이상헌
   선생은 '참된 창조성이란 하나님의 창조성, 즉 하나님의 심정(사랑)을 중
   심으로 한 창조성인 것인데, 타락한 인간의 창조성은 많은 경우, 자기중
   심적인 창조성이며 개체목적 중심의 창조성이었다고 보고 공해문제, 자
   원의 남용, 예술의 저속화, 침략병기의 개발 등은 타락한 인간의 창조성,
   즉 사랑이 결여된 창조성에 의해서 산출된 것'이라고 강조한다. 따라서
   21세기 심정문화세계의 정착을 위해 시급한 문제 중 하나는 인간이 심정
   을 중심으로 한 본래의 창조성을 회복하는 일이라고 역설한 것이다. 이
   상헌, 『共産主意의 終焉』, 일념, 1986, 352~366 참조.

4. 기술철학의 정초문제와 통일사상의 과제

1) 기술연구의 기초로서의 통일사상

우리가 앞서 "기술문화시대와 통일사상의 「주관」 개념"에서
살펴 본 바와 같이 통일사상에서는 기술을 "(인간의)만물주관
의 직접적인 수법"으로 간주한다. 즉 인간이 만물을 다루고
관리하는 데 필요한 수단과 방법으로 보는 것이다. 이는 통일
사상이 취하고 있는 인간과 만물의 존재론적 위상의 이론적인
틀에서 자연스럽게 도출되는 것이다. 만물의 주관자로 지음
받은 인간은 자신의 책임분담 완성을 통하여 만물을 온전히
주관하게 된다. 그런데 인간이 만물(대상적 존재)을 주관하는
데에는 기술이 필요하다. 한편 만물주관이라는 개념에는 우리
삶의 제반 분야(정치, 경제, 과학, 예술 등)가 들어가므로 통일
사상이 지향하는 심정문화적 삶의 수행은 주관활동(기술)과
밀접한 관련이 있다. 우리의 심정적 삶은 주관활동(심정적 가
치를 바탕으로 한 앎)에 의해 인도되고 또한 주관활동은 우리
의 심정적 삶에 되먹임되어 우리의 생활세계를 더욱 풍요롭게
한다.

아리스토텔레스에 의하면 우리의 앎에는 3가지 유형,

즉 **이론적 앎**(theoria), **실천적 앎**(praxis), **기술적 앎**(techne)
이 있는데 오늘날과 같은 테크놀로지 시대에는 단연코 기술적
앎, 다시 말해 뭔가 만들어 내고 제작해 내는데 탁월한 앎을
소유한 자가 각광받는 인간유형이 되어 버렸다. 기술시대에
사람의 사람됨은 더 이상 지혜나 인격 또는 덕 있음이나 착함
으로 평가되기 어려워졌다. 그 사람이 얼마나 이용가치가 있
는 제품을 혹은 아이디어를 제작하고 생산해 내느냐에 따라
사람됨이 저울질되는 것이다. 연봉이 얼마냐에 따라 또는 소
유가 얼마냐에 따라 그 사람됨(존재함)을 가늠하는 것이다. 기
술이 발달함에 따라 우리의 삶에서 물질적 차원, 신체적 차원
에서는 참으로 편리하고 이상사회에 가까운 모습으로 다가가
고 있다. 그러나 통일사상에서 강조하고 있듯이 인간의 책임
분담 완성, 즉 진정한 만물주관을 위한 심정의 성숙, 인격의
향상, 위하는 정신의 결핍과 부재로 인해 우리 삶의 본질적 요
소인 **영성적 차원**은 점차 피폐해져 가고 있다. 이는 우리가
바람직한 목적성 또는 절대가치를 중심해서 기술을 개발하고
이용하지 못하고 오히려 기술에 온통 영혼과 정신을 빼앗기는
기술의 노예가 되어가고 있기 때문이다. 그러므로 우리는 기
술의 가치중립성 또는 무가치성을 주장하는 견해에 동의할 수
없는 것이다. 근대 이후 우리의 삶과 사회를 행복하게 하고

낙원으로 인도해 줄 것으로 여겨 그토록 찬양 받아온 과학과 기술이 이제는 점점 환경오염, 탈인간(포스트휴먼), 생체복제 등의 문제로 인해 우리를 불안하게 만들고 있다. 어느 누구도 기술로부터 자유로울 수 없다. 현대는 기술이 인간을 조종하고 통제하는 데까지 이르렀다. 이는 바로 과학과 기술의 중립성을 주장하며 (창조)**목적**이나 (절대)**가치**에 관한 고려를 애써 외면해 왔기 때문이다. 여기에는 현대과학의 방법론도 한 몫을 하고 있다. 이러한 현대과학에서의 탈－가치적 내지 무신론적 방법론에 대해 통일사상에서는 하나님의 사랑으로 인한 진리와 선과 미인 절대가치(심정적 가치)를 발견해야 한다고 역설하며 21세기를 맞은 인류에게 하나님주의(심정철학) 르네상스가 일어나야 함을 강조하는 것이다. [63]

이상의 내용을 종합하여 말해 본다면, 기술연구의 기초를 놓는다는 입장에서의 통일사상에서는 기술을 인간이 만물을 주관하는데 필요한 수법으로 보지만 인간의 창조성 그리고 창조성의 결과물인 기술은 하나님의 심정을 동기로 하는 목적과 방향을 지향한다고 정리할 수 있다. 다시 말해 통일사상에서는 인간의 창조성과 기술문제에 있어 항상 사실과 가치를

---

63) 문선명선생말씀편찬위원회, 『문선명선생말씀선집』106, 성화사, 1990, 52~56 참조.

함께 생각한다는 것이다. 통일사상의 근본입장은 '심정'과 '목적'을 중심하고 존재와 가치를 **함께-속해-있음**으로 보는데 있다. 따라서 기술연구의 기초로서의 통일사상에서 기술연구는 (만물)주관의 물리적 힘으로서의 기술(사실적 측면)과 그 기술을 사용하는 인간의 본성을 통해 발현되는 심정적 가치(가치적 측면)를 불이(不二)라고 보는 관점에 기초해서 수행되어야 할 것이다.

2) 기술철학의 정초문제와 통일사상의 과제

통일사상에서 기술을 인간의 만물주관의 직접적인 수법으로 보는 것은, 기존의 기술철학적 관점에서 보자면, 기술에 대한 도구적, 인간학적 규정(instrumentale und anthropologische Bestimmung der Technik)이라고 볼 수 있다. 다시 말해, 기술은 인간이 만물과의 관계맺음에서 만물주관이라는 목적을 위한 수법이라는 것이다. 그래서 기술은 어디까지나 인간 행위의 하나라는 것이다. 그런데 이러한 기술에 대한 이해와 진단은 바로 통일사상의 인간과 만물의 존재론적인 위상정립에서 기인하는 것이다. 인간과 만물의 관계를 주체와 대상관계로 보는 것은 서구 근대철학의 패러다임 - 인식론적 패러다

 심정사유의 숲길 : 삶/기술/예술에 대한 통일사상적 숙고

임 – 과 유사하지만, 그러한 관계설정의 이면에 흐르고 있는 논리는 상당한 차이가 있다. 통일사상에서 만물의 주체인 인간은 권력이성과 권력에의 의지로 대상(자연, 세계)을 일방적으로 해석하고 지배하는 존재가 아니다. 서구 근대철학에서처럼 인간만이 주체가 되어 인간이 신의 자리에 올라서서 대상 정복적인 자세와 태도로 살아가는 존재가 아니라는 말이다. 흔히 주체라는 개념 속에는 대상정복적, 마주 서 있는 것(Gegenstand)에 대한 지배 등의 뉘앙스가 전제되어 있는 것이 서구 근대철학사에서의 일반적인 경향이다. 이에 반해 통일사상에서의 주체–대상논리에는 항상 그 주체–대상이라는 평면적인 관계를 초월하고 또한 그 관계를 근원적으로 가능하게 하는 '목적'과 '중심'이 전제되어 있다. 그것이 바로 '심정'과 '(창조)목적'이라는 것이다.[64] 모든 만물 자체에서의 운동이나 인간과 만물과의 관계 그리고 인간 사이의 관계맺음(수수작용)은 이 '심정'과 '목적'이라는 중심으로 인해 본래적인 의미에서 가능하게 된다. 그러므로 지금 우리가 논의하고 있는 기술이라는 것도 인간과 만물과의 관계맺음 혹은 인간 사이의 관계에서 필요한 것이기 때문에 '심정'과 '목적'이라는 중심을

---

64) 『통일사상요강』, 94~147 참조.

배제하고는 생각할 수 없다. 통일사상에 의하면 하나님의 존재원리를 닮은 인간은 '심정'과 '목적'을 바탕으로 기술을 사용하고 개발하는 데에서 기술의 참다운 가치와 의의를 찾을 수 있다. 이러한 통일사상의 「기술」 이해는 '심정'과 '목적'이라는 가치지향적 내용과 인간과 만물의 존재론적인 위상정립의 논리로부터 귀결되는 것이라고 볼 수 있다.

이러한 통일사상의 기술에 대한 전반적인 이해에 기대어 이제 필자는 통일사상의 입장에서 오늘날 쏟아져 나오고 있는 기술철학들에 관한 정초문제를 논구해보고자 한다. 이는 오늘날 기술로 인한 현실적인 문제들, 예를 들어 사이버 범죄, 사이보그 인간 출현, 포스트 휴먼(탈-인간) 등의 사태들을 염두에 두고 통일사상의 기술에 대한 도구적, 인간학적 규정을 넘어선 **존재론적인 의미**를 말해야함을 함축하고 있는 사태이다.[65] 여기서 우리의 연구의 초점은 통일사상의 기술에 대한

---

65) 최근 들어 국내에서도 사이버, 인터넷으로 대표되는 기술의 문제에 대한 철학적, 신학적인 논의들이 활발하게 진행되고 있다. 이는 철학과 신학이 바로 우리의 삶, 현실문제와 수수(授受)의 관계에 있다는 것을 말하는 것이다. 구체적인 내용은 다음의 글들을 참조. 이종관, "사이버문명, 포스트휴먼, 인간의 운명",『21세기를 향한 철학의 화두-인간, 사회, 자연에 관한 새로운 성찰』, 제13회 한국철학자 연합대회 발표원고, 2000; 이상훈, "사이버공동체와 테크노 철학-사이보그를 위한 디지털 사회존재론",『21세기를 향한 철학의 화두-인간, 사회, 자연에 관한 새로운 성찰』, 제13회 한국철학자 연합대회 발표원고, 2000; 임홍빈,『기술문

이해가 틀렸다는 것을 지적하려는 것이 아니라 현재 급속도로 발달하고 있는 기술 그리고 그 기술로 인한 우리 삶의 수많은 문제들 – 환경문제, 생명위기, 성스러움의 상실 등 – 에 대해 통일사상에서의 기술철학담론을 계발하여 현실적인 문제들에 대해 구체적으로 응답해야 하는 과제를 수행한다는 데 있다.

우리가 통일사상의 입장에서 기술철학의 정초문제를 본격적으로 말하기에 앞서 오늘날의 기술철학이 어느 정도까지 개진되어 왔는가에 대해 살펴볼 필요가 있다. 그 동안 그리고 오늘날 세계적으로 기술철학계에서 큰 영향력을 행사하고 있는 기술철학자로는 하이데거, 자끄 엘룰, 돈 아이디 등이 있다. 앞으로는 이 기술철학방면에서 수많은 철학자들이 나올 것이다. 그만큼 시대정신을 개념으로 붙잡아야 하는 철학은, 오늘을 생각하는 사람은 지금의 기술적 세계를 도외시할 수 없다는 것이다. 어쨌든 그동안 기술철학자들이 오늘날의 '기술현상'에 대해 많은 담론들을 쏟아냈는데, 그 중 가장 큰 영향력을 행사한 사람 중 한 철학자가 바로 하이데거이다. 그러

명과 철학』, 문예, 1995; 돈 아이디, 『기술철학』, 김성동 옮김, 철학과 현실사, 1999; 양명수, 『호모 테크니쿠스』(2판), 천안: 한국신학연구소, 1997.

므로 21세기를 통일사상과 더불어 심정문화세계로 만들어가고자 생각하는 삶에 몸을 던진 우리는 20세기 대표적 기술철학자인 하이데거의 말에 귀 기울일 필요가 있다. 새로운 심정문화세계를 형성하는데 기여하려는 통일사상에서의 기술철학 담론은 그 동안의 기술철학을 점검하고 극복하여 대안을 제시해야 하는 과제를 안고 있기 때문이다. 그렇다면 먼저 하이데거의 기술에 대한 생각을 읽어보기로 하자.

"기술의 본질은 기술적인 어떤 것이 아니다."[66]

"기술은 탈은폐의 한 방식이다. 기술은 탈은폐와 비은폐성인 알레테이아(aletheia), 즉 진리의 사건이 일어나고 있는 그곳에 본질적으로 존재한다."[67]

"주문 요청하는 탈은폐로서의 현대 기술은 단순한 인간의 행위가 아니다. 그렇기 때문에 우리는 인간으로 하여금 현실적인

---

66) "So ist denn auch das Wesen der Technik ganz und gar nichts Technisches.", in: Heidegger, M., "Die Frage nach der Technik", Vorträge und Aufsätze(GA7), Neske Pfullingen, 1976. 9; 「기술에 대한 논구」, 『기술과 전향』, 이기상 옮김, (서광사, 1993), 15. (이하 「논구」와 『기술과 전향』으로 표기).
67) "Technik ist eine Weise des Entbergens. Die Technik west in dem Bereich, wo Entbergen und Unverborgenheit, wo Aletheia, wo Wahrheit geschieht.", in: 「논구」, 17; 『기술과 전향』, 37.

것을 부품으로서 주문 요청하도록 인간을 닦아세우는 그 도발적 요청은 역시 드러나는 그대로 받아들여야 한다. 그러한 도발적 요청은 인간을 주문 요청에로 집약시킨다. 그리고 이렇게 집약시키고 있는 것은 인간으로 하여금 현실적인 것을 부품으로서만 주문 요청하는 데 몰두하게 한다."[68]

위의 인용에서 알 수 있는 바는 우리가 흔히 생각하는 대로 '기술의 본질'(das Wesen der Technik)이 기계적인 (도구적 의미에서의) '기술적인 것'(Technisches)이 아니라는 것이다. 오히려 기술은 진리를 드러내어 세계를 구성하는 한 방식이라는 것이다. 기술은 우리에게 은폐되어 있던 어떤 사태를 밝혀내는 힘이다. 그러므로 우리는 기술을 삶의 도구나 수단으로 간단히 생각할 수가 없는 것이다. 마지막으로 하이데거에 의하면 이러한 현대 '기술의 본질'은 도발적 요청 (Herausfordern)과 닦달(Ge−stell, 몰아세움)[69]이다. 기술은

---

68) "So ist denn die moderne Technik als das bestellende Entbergen kein bloss menschliches Tun. Darum muessen wir auch jenes Herausfordern, das den Menschen stellt, das Wirkliche als Bestand zu bestellen, so nehmen, wie es sich zeigt. Jenes Herausfordern versammelt den Menschen in das Bestellen. Dieses Versammelnde konzentriert den Menschen darauf, das Wirkliche als Bestand zu bestellen.", in: 「논구」, 22~23; 『기술과 전향』, 51~53.
69) 하이데거는 서양의 형이상학이 그때 그때의 존재의 역운(歷運)에 따라

인간에게 인간이 마주 하고 있는 다른 모든 존재자(만물)들을 몰아세우도록 요청한다. 그래서 그 존재자들을 인간 앞에 세워 놓고 조작을 가하여 부품으로 상품으로 만들게 한다. 아니 더 나아가 인간 자신마저도 부품화, 상품화하도록 부추긴다. 전통적인 인간이해방식에서는 상상도 못할 일이 일상적으로 벌어지고 있는 현실이 되었다. 어떻게 인간을 기계 부속품 갈아 끼우듯이 취급할 수 있는가? 어떻게 개인 심정의 완성과 가정의 완성에서 큰 비중을 차지하는 성(性)을 쉽게 돈을 주고 거래할 수 있으며 스와핑이라는 형태로 호기심과 기분전환을 위한 도구로 바라볼 수 있는가? 이러한 현상이 인류 역사이래 있어왔다고 하지만 기술시대에 와서는 공공연하게 우리 삶의 한복판에서 벌어지고 있는 일상적인 사건이 되어 버렸다. 기

이데아, 에네르게이아, 주체, 의지, 힘에의 의지 등으로 각인되어 왔다고 한다. 이것이 현대에는 기술(Ge-stell, 닦달, 몰아세움)의 형태로 나타나고 있다고 본다. 하이데거는 인간이 비은폐성과의 탈자적인 연관에서 이 비은폐성에서부터 닦아세워지는 양식은 집약시키는 특징을 띠고 있다고 한다. Ge-stell에서 전철 'Ge-'는 비은폐성의 닦아세우는 근본 특성에서의 집약시키는 것을 지칭하고, 후철 '-stell'은 인간을 닦아세우는 세움과 또한 존재자를 다양한 주문요청의 방식으로 닦아세우는 세움을 의미한다. 참조. 이기상, 『하이데거의 존재사건학(존재진리의 발생사건과 인간의 응답』, 서광사, 2003, 195~298; 'Gestell'에 대한 더 자세한 내용은 다음의 논문을 참조. 이기상, 「현대기술의 극복과 전향」, 『기술과 전향』, 서광사, 1993, 179~181.

 심정사유의 숲길 : 삶/기술/예술에 대한 통일사상적 숙고

술은 이 모든 것을 아무런 놀라움이 없는 자명한 일로 만들어 버렸다.[70] 어느 누구도 나서서 문제삼지 않으려고 한다. 언제 어디서 자신도 모르게 사생활을 침해받으며 기술적 대상의 상품이 될지 모르기 때문이다. 기술은 인간을 기다리지 못하는 인간으로 만들어 버린다. 모든 존재자들을 주문 요청의 대상으로 보게 하고 효율성과 실용성 추구의 삶이 최고의 가치있는 삶으로 여기게 만든다. 기술은 바로 우리의 존재를 보는 눈, 세계를 보는 관(觀)을 바꿔 버렸다. 더 이상 존재의 신비나 존재의 비밀 또는 자연의 장엄함이나 자연의 신비는 우리에게 놀라움이나 경건함을 주지 못한다. 인간은 점점 생각하는 인간이 아닌 조작하는 인간이 되어 간다. 그러므로 이러한 현대의 호모 테크니쿠스(기술적 인간)의 존재방식은 다음과

---

70) 오늘날의 기술은 이렇듯 통일사상에서 강조하는, 3대 축복이 실현된 삶의 세계, 즉 심정문화세계를 위한 삶의 방식 — 개성완성, 가정완성, 주관성완성 — 을 해체하는 힘으로 많이 작용되고 있다. 이러한 시대에 참사랑의 정서와 가정의 중요성 그리고 심정적 가치를 회복하고자 하는 사유가들(심정철학자)은 기술에 대한 경악(驚愕, das Erschrecken)과 경이(驚異, das Erstaunen) 그리고 초연함(超然-, Gelassenheit)이라는 기분을 복합적으로 느끼게 되며 기술문화적 삶의 문화(위기)에 관해 철학적 반성을 하게 되는 것이다. 기술시대에 우리가 느끼게 되는 근본기분들에 대한 자세한 내용에 대해서는 다음의 논문을 참조. 구연상, 「기술시대의 근본기분(하이데거의 기술강연을 중심으로)」, 『철학과 현상학 연구』(제19호), 한국현상학회, 2002 가을, 53~78.

같은 명제로 표현될 수도 있을 것이다. '나는 조작한다. 그러므로 나는 존재한다.'

　위에서 살펴본 바와 같이, 오늘날의 기술문명에서는 인간과 기술의 관계를 근대철학적 의미에서의 주체와 객체의 관계로 볼 수 없게 되었다. 기술은 근대에 들어 그 가치와 영향력이 점차 증대되었고, 20세기 들어서는 인간의 삶의 양식을 송두리째 바꾸어놓을 정도로 그 힘이 비대해진 문화현상이다. 통일사상에 의하면, 인간은 관계적 존재로서 하나님과 타인 그리고 자연(만물)과 관계를 맺고 살아가며 그러한 관계성속에서 자신의 창조성을 '심정'과 (창조)'목적'을 중심하고 발휘하면서 살아야 하는 존재이다. 그런데 오늘날의 기술문화 속에서 많은 현대인들은 그러한 관계맺음의 방식을 자기의 이기적 욕망을 채우는 방향으로 꾸며가고 있다. 더 나아가 오늘날의 기술문화가 지니고 있는 가치 중립성 또는 가치 무관성 때문에 더욱더 위험한 방향으로 흘러가고 있다. 이에 앞으로 기술문명이 나아가야 할 길에 대한 제시는 중요한 철학적 작업 중의 하나일 것이다. 물론 이러한 일이 한 철학자의 힘으로 완성되는 것은 아니지만, 존재론과 가치론을 항상 공속의 차원에서 사유하려는 통일사상(심정철학)만이 적어도 위험한 방향으로 가고 있는 기술문명에 대한 비판 혹은 21세기 기술문명의 새로운 방향을 제시함을 통해 현대인들의 석화(石化)된 의식을 깨우칠 수 있을 것이다. 이러한 오늘날의 기술문화적 삶의 위기에 대한 문제의식에 기반하여, 통일사상의 입장에서 기술철학의 정초문제와 앞으로의 과제에 대해 생각해보기로 하자.

이러한 문제와 관련하여 필자는 세 가지 과제 — 기술시대의 본질해명, 기술시대에서 심정의 의미와 윤리적 성격, 통일사상에 나타난 인간과 기술의 관계 재고 — 를 중심으로 이야기해 보기로 하겠다. **먼저**, 통일사상의 입장에서 오늘날의 기술시대의 본질해명 과제에 대해 음미해 보기로 하자. 우리는 기술문명이 가지고 있는 긍정적 측면을 잘 알고 있다. 분명 기술은 인간을 단순노동으로부터 해방시킴으로써 인간에게 보다 많은 자아실현의 여유를 제공하였다. 그리고 기술은 인간 생활에 있어 합리주의 정신을 정착시키는데 기여하였다. 객관적으로 검증이 되는 것만을 받아들이는 기술은 주관적인 것에 근거한 모든 생활양식을 자연스럽게 비합리적인 것으로 도태시켜버렸다. 마지막으로 기술은 이전의 그 어떤 종교나 이데올로기보다 더 빠르게 확산되면서 지구촌 시대를 여는데 기여하였다.

그렇지만 현대기술문명의 이러한 긍정적 측면의 이면

에는 앞서 말한 부정적 측면이 뿌리 깊게 내재되어 있는 바, 기술에 의한 세계의 하나 됨은 모두 똑같은 획일적 - 마르쿠제의 표현대로라면 - 일차원적 인간들을 양산하고 그렇게 함으로써 하나님과 인간(종교문화), 인간과 인간(정치문화) 그리고 인간과 자연(여가문화)의 관계를 왜곡시켜 각각의 사이에서 소외현상을 일으킨다. 그래서 점차 기술은 하나님과 인간 그리고 만물의 사이를 도저히 회복될 수 없는 지경으로까지 일방적으로 몰아세운다. 그렇게 빠르게 몰아세우는 삶 속에서 현대인들은 무사유(無思惟)에 빠지고 심정적 가치를 외면하게 된다.71) 그래서 오늘날 이러한 기술문명 또는 기술시대의 본질을 통찰한 현대의 많은 기술철학자들은 인간과 기술의 관계를 주체와 대상의 관계, 즉 기술은 인간의 도구에 불과하다는 견해를 유지할 수 없다고 본다. 기술은 이제 나름대로의 자율성과 생명력을 갖고 인간의 통제력을 벗어나가고 있다. 기술이 오히려 인간을 지배해가고 있는 실정이다. 이러한 기술의 인간지배를 하이데거는 '몰아세움(Ge-stell)'으로 규정한 것이다. 추상적이고 획일적인 이념화에 기반을 둔 현대의 기술은 원칙적으로 인간의 본성과 조화를 이루지 못한다. 여기에서

---

71) 박희영, 「철학과 문화」, 한국외국어대학교 인문과학연구소 편, 『현대사회와 철학교육』, 대구: 이문, 1993, 24~59 참조.

인간은 점점 원자화, 고립화되어가며 수많은 '인간소외' 현상을 겪고 있다. 그리고 기술시대에 인간들은 자신이 자라온 근원세계인 '생활세계' 혹은 '고향세계'를 상실해 간다. 결론적으로 기술시대는 생활 속에서의 하나님의 축출, 타인과의 의사소통의 왜곡 그리고 구체적인 삶의 세계로부터 우리들을 분리시켜 우리들의 삶을 황폐화시키는 측면을 함의하고 있다. 이는 근원적으로 이념화에 뿌리를 둔 기술문명이 안고 있는 필연적 숙명인 것이다.[72] 이에 통일사상에서의 기술철학은 오늘날 기술철학에서의 기술문명과 기술시대에 대한 본질해명에 귀 기울이면서 그 동안 계산적, 도구적 이성으로 협소해진 이성을 복원하는 일과 그 이성의 심정과의 관계에 관한 보다 정치한 담론을 형성해가야 할 것이다.

둘째로 21세기를 위한 통일사상의 기술철학을 정초하는데 있어 우리는 기술시대에서 심정의 의미와 윤리적 성격에 대해 말하지 않을 수 없을 것이다. 통일사상에서의 핵심개념 중 하나인 '심정'은 "사랑하면서 기뻐하려는 정적인 충동"[73]이다. 그러므로 심정의 가치를 기반으로 한 심정문화는 상대

---

72) 박인철, 「기술시대와 사랑의 윤리학(후설, 하이데거, 프롬의 사랑론을 중심으로)」, 철학연구회, 『철학연구』(제66집), 2004년 가을. 145~166 참조.
73) 『통일사상요강』, 66.

를 위하여 존재하는 논리를 함축하고 있다. 이러한 심정개념
이 기술문명 혹은 기술철학을 정초하는 학문적 작업을 함에
있어 왜 중요한 것인가? 그것은 바로 이 심정의 윤리학, 다시
말해 통일사상에서 강조하는 3대 축복의 삶의 방식(Modus
Vivendi)이 오늘날 기술문명에서의 온갖 소외문제들을 해결할
수 있기 때문이다. 제1축복의 삶의 방식(마음과 몸의 통일, 개
인의 평화), 제2축복의 삶의 방식(남편과 아내의 하나됨, 가정
의 평화) 그리고 제3축복의 삶의 방식(인간과 자연의 공생, 지
구의 평화)이 온전히 실현되도록 하는데 기여하는 통일사상
(심정철학)은 기술문명 속에서 심정적 가치와 삶의 뜻을 잃고
헤매는 오늘날 기술적 인간들에게 이정표의 역할을 충분히 할
수 있다.

　　우리가 살아온 지난 20세기의 현대 기술문화적 삶의 방
식에서는 평화로운 삶을 제대로 살 수가 없었고 실제도 살지
도 못했다. 발전과 경쟁의 시장논리로만 우리 삶의 전 영역을
재단했기 때문이다. 더욱이 과학과 기술의 힘을 전쟁에 쏟아
부어 서로를 얼마나 피곤하게 했으며, 제1세계니 제3세계니
나눠 그리고 민주와 공산으로 분열되어 또 얼마나 비참하게
싸워왔는가? 그리고 21세기 들어서 여기저기서 '성장의 한계'
를 넘어 '경쟁의 한계'를 말하고 있다. 더 나아가 이제는 이성

의 힘(과학과 기술)을 키워 자신의 권력의지를 확장시키는 문화보다는 살리고, 모시고, 비우고, 나눔으로써 서로 상생할 수 있는 마음개벽의 문화, 즉 심정문화의 세계를 지향해야 한다는 데 많은 뜻있는 사람들이 동참하고 있다. 필자는 현대인들이 그토록 추구하는 '웰빙'의 의미도 바로 이 심정문화에서 찾을 수 있다고 생각한다. 통일사상에서 강조하는 심정과 참사랑은 그 성장이 시간과 더불어, 경험과 더불어 서서히 성숙해가는 것이다. 따라서 현대인들은 통일사상의 심정과 참사랑의 가르침을 통하여 '기다림의 삶의 미학'과 '느리게 산다는 것의 의미'에 대한 지혜를 배울 수 있을 것이다. 기술적 인간들은 통일사상의 심정윤리적 삶의 체득을 통해 과학과 기술의 논리만이 아닌 마음과 영성의 회복, 심정적 가치의 발견이 왜 기술시대에 소중한가에 대해 깨달을 수 있을 것이다.

마지막으로 통일사상에 나타난 인간과 기술의 관계문제에 대해 물음을 던짐으로써 통일사상에서의 기술철학 정초 문제에 대해 생각해 보기로 하자. 통일사상에서는 어디까지나 인간을 만물(자연)주관자의 입장에서 보고 그 인간의 책임성을 강조하고 있다. 그래서 하나님을 닮아 개성을 완성한 사람, 이기심에 의해 창조성이 왜곡되지 않은 인간을 전제로 놓고 논의를 전개해가고 있다. 따라서 통일사상에서의 인간과 기술의 관계는 온전한 의미에서 주체와 대상의 관계로 정립되고 있는 것이다. 그러나 생심(生心)과 육심(肉心)의 관계[74]에서 늘 육심의 유혹과 경향성에 휘둘리는 대부분의 현실적 인간들의 삶의 모습에서 인간과 기술과의 관계는 어떠한가? 창조성 발휘의 문화는 어떠한가? 『통일사상요강』에서 개성완성한 인간을 가정해 놓고 전개한 논리에서는 상상할 수도 없는 수많은 기술과 관련한 삶의 문제들이 산재해 있지 않은가? 그 기술과 관련된 문제들 속에서 현대인들은 울고 웃고, 속고 속이고, 행복과 불행의 줄타기를 하고 있는 것이 아닌가? 그렇다면 이렇듯 먼저 개성완성한 인간이 되어야만 한다고 강조하는 통

---

74) 통일사상에서는 생심(生心)과 육심(肉心)의 관계를 주체와 대상의 관계로 보고 있다. 즉, 진선미와 사랑의 생활(가치생활)을 지향하는 생심의 기능이 의식주와 性의 생활을 지향하는 육심의 기능보다 앞서는 삶을 본성적 인간의 삶이라고 보고 있다. 해서 육심이 생심을 잘 따르고 생심이 제 기능을 잘 하면 영인체와 육신은 서로 공명하며 이러한 공명의 상태가 인격을 완성한 상태라고 강조한다. 그러나 타락한 인간은 이 생심과 육심의 관계가 역전되어버린 삶을 살고 있는 것이다. 필자는 오늘날 현실적인 인간들의 대부분의 삶의 모습이 이러하다고 본다. 다시 말해, "일상적인 생활에 있어서 가치의 생활이 전연 없는 것은 아니지만, 대부분의 경우 가치생활을 자기중심의 물질생활을 위한 수단으로 삼고 있다."(통일사상, 234) 자본주의 시장경제에서의 현대인들은 자기중심의 물질생활을 위해 모든 기술을 총동원하는 삶의 방식을 강요받고 있는 것은 아닌가. 이러한 시대적 분위기 속에서 통일사상의 심정과 참사랑의 원리는 잘못되어가는 시대를 바로 세운다는 철학의 근본정신과 상통하는 것이다. 철학(사상)은 그때 그때마다 반시대적일 수밖에 없다.

일사상의 기술론은 이념적 당위성만을 지나치게 논리의 전면에 내세우고 있는 것은 아닌가? 기술론은 인간론과 긴밀한 관계에 있는데, 이 문제는 앞으로 통일사상의 본성론(本性論)을 어떻게 심정적 인간학의 차원에로 승화시킬 것인가 하는 학문적 과제이기도 하다.

현대문명에서의 새로운 기술윤리는 "한편으로 인간의 삶과 공동생활의 일반적 조건을 정당화하는 도덕원리를 산출해야 하며 다른 한편으로 우리가 직면하고 있는 시대적 상황을 고려하여 이 원리를 구속력 있는 행위의 준칙으로 매개해야 한다."[75] 디지털 기술문명 속에서의 인간 공동체의 조건을 정당화하는 심정(참사랑)의 원리와 이 (도덕)원리를 오늘날의 호모 테크니쿠스(기술인)들의 삶에 구속력 있는 행위의 준칙으로 매개하려는 '심정의 윤리학'을 정초해야 하는 학문적 작업은 통일사상의 기술철학 정초문제와 관련하여 시급히 모색해야 하는 시대적 과제이다.

---

75) 이진우, 『도덕의 담론』, 문예출판사, 1997, 118.

5. 21세기 심정문화세계를 위한 기술철학적 가능성 탐구

우리는 지금까지 현재 우리가 살아가고 있는 생활세계의 논리와 문법을 지배하고 있는 기술 혹은 기술문화적 삶의 위기에 대해 논구해 보았다. 우리의 일상생활에서의 기술이해에서부터 시작해 보통의 도구적, 인간학적 차원에서의 기술이해를 거쳐 − 이때 통일사상에서의 주관교육(기술교육)과 인간의 창조성 논의와 대비하여 생각해 보았다 − 기술의 존재론적 의미까지 고찰하여 본 것이다. 아울러 통일사상에서의 기술담론의 특징과 (통일)기술철학의 정초문제와 관련된 과제에 대해서도 생각해 보았다.

이와 같은 기술 또는 기술문화시대의 본질에 관한 이해와 더불어 통일사상 입장에서의 기술철학 정초문제는 통일사상이 우리에게 제시하는 바람직한 삶의 모델인 심정문화세계의 창건에 나침반의 역할을 한다는데 그 중요성이 있다. 현재 그리고 앞으로 우리가 살아가야 하는 21세기는 더욱더 가상적인 것이 현실적인 것이고 현실적인 것이 가상적인 것의 시대가 되어가고 있다. 19세기의 헤겔은 이성적인 것이 현실적인 것이고 현실적인 것이 이성적인 것이라고 보았지만, 21세기를 살아가는 기술적 인간에게는 더 이상 (뜻을 찾는)생각함이 그 본질로 여겨지지 않는다. 기술적 세계관, 기술의 형이상학의 시대에 사는 사람들의 생각은 셈하고 계산하는 사유에로만 기울어져 간다. 어떤 사태에 대해 진지하게 숙고하는 뜻새기는 사유, 훈독(訓讀)적 사유함은 점점 재미(?)가 없는 사유방식이 되어 간다. 이러한 의미에서 하이데거는 '과학은 사유하지 않는다'(Die Wissenschaft denkt nicht.)고 말했다.[76] 과학자, 기술자들이 들으면 기분 나쁜 명제이겠지만 주어진 방법론 내에서만 계산하고 연산만 정확하게 해내는 (계산적) 사유는 엄밀하게 보자면 사유가 아니라는 말이다. 사유함(philosophieren)이 없는 것이다. 과학과 기술이 우리의 운명이 되어 버린 시대일수록 우리에게는 심정적 사유, 훈독적 사유[77]로 인한 삶

---

76) "과학은 사유하지 않는다. 이것은 보통의 생각에게는 불쾌한 문장이다. 과학은 인간의 모든 행위가 그렇듯이 사유에 의존하고 있다는 부가문장을 뒤따르게 할지라도 우리는 이 문장을 그것이 불쾌한 성격 그대로 놔두고자 한다. 그렇지만 과학의 사유에 대한 연관은, 과학과 사유의 사이에 존속하고 있는 균열을 드러날 때에만, 그것도 건너지를 수 없는 균열로 드러날 때에만 진실되고 결실 있는 연관이 될 것이다. 과학에서부터 사유에로 가는 데에는 다리는 없고 오직 도약만이 있을 뿐이다. 이 도약이 우리를 데려가는 그곳은 단지 다른 쪽일 뿐만 아니라 전혀 다른 장소이다." Heidegger, M., "Was heiβt Denken?", Vorträge und Aufsätze(GA7), Neske Pfullingen, 1978, 127~128.

77) 필자는 통일사상에서 강조하는 인간의 사유성격을 심정적 사유라고 표현해 보았다. 이것은 통일사상의 가장 핵심적 개념이 심정이며 본성적 인간

의 방식(Modus Vivendi)과 세계관의 구성작업이 절실하다. 그래서 통일사상에서는 인간의 만물주관에 필요한 기술교육을 말함에 있어 먼저 심정교육과 규범교육을 강조하는 것이다. 그리고 하나님의 제3축복인 인간의 주관성 완성은 단순히 과학과 기술로만 만물을 다루고 조작하는 것이 아닌 하나님의 심정과 사랑을 중심한 주관적 사위기대를 이룬 터 위에 진정한 의미에서 가능한 것이라고 말하는 것이다.

기술은 인간의 창조성의 결과물로서 시대의 흐름과 함께 계속해서 발전을 거듭해왔다. 인터넷으로 대변되는 현대의 기술문화의 시대에는 그야말로 기술이 우리의 모든 삶의 논리와 문법을 결정짓는 데까지 이르렀다. 이제 우리는 싫든 좋든 인터넷(기술)과 더불어 인터넷을 거슬러 인터넷을 극복해 가며 살아가야 한다. 이제 우리에게 필요한 것은 이러한 인터넷

의 본질도 심정적 인간이라고 규정한데 그 근거를 두고 있다. 그러므로 통일사상이라는 텍스트를 공부하는 이들은 자연과 인간적인 모든 문화현상들을 읽어내는 데 있어 심정적 사유로 접근하고 읽어내려고 노력해야 할 것이다. 심정적 사유와 훈독적 사유에 관한 자세한 내용과 통일논리학의 목적론적 성격, 논리구조 그리고 인간 사고의 기본형식에 대해서는 다음의 논문들을 참조. 진성배, 「통일논리학으로 본 형식논리학의 비판적 고찰(통일논리학은 학문 이론을 가능케 하는가?)」, 『통일사상 연구논총』, 진성배 편역, 선문대학교 통일사상연구원, 1996, 9~20; 졸고, 「통일사상 인간이해의 생명철학적 함의」, 『통일사상 연구논총』(제9집), 선문대학교 통일사상연구원, 2001, 65~89

 심정사유의 숲길 : 삶/기술/예술에 대한 통일사상적 숙고

으로 대변되는 기술을 악마적인 것으로 치부하거나 다시 원시사회로 돌아가자고 캠페인을 벌이는 일은 아닐 것이다. 과학과 기술은 물질세계와 인간세계 현상 등의 본질과 근본원리를 밝히기 위해 인간이 자신의 창조성을 발휘해 온 과정이다. 그러므로 과학과 기술은 앞으로도 더욱 발전을 해나갈 것이다. 이러한 과학과 기술의 발전방향에 대해 통일사상에서는 인간의 창조성에 따른 **책임분담**과 **절대가치**의 문제를 함께 생각해야 함을 제시하고 있다. 통일사상에서는 인간의 **주관성 완성**(제3축복)에 앞서 **개성 완성**(제1축복)을 이루어야 함을 역설한다. 이는 진정한 기술은 진정한 사람됨으로부터, 즉 심정과 (창조)목적에 기반한 주관적 사위기대의 형성에서 가능하다는 점을 말하는 것이다. 통일사상에서 본 21세기 웰빙의 의미는 마음과 몸의 하나 됨을 추구하는, 심정을 중심하고 성상적 가치와 형상적 가치가 조화를 이루는 데서 찾아질 수 있다. 따라서 통일사상에서의 기술철학논의는 참사랑의 가치를 발견한 심정적 깨달음에 바탕하여 이루어져야 할 것이다. '**기술**'(주관성 완성)과 '**심정**'(개성 완성)은 21세기 심정적 삶의 방식의 정착과 심정문화세계를 이루기 위해 우리 모두가 생각을 모아야 할 철학적 사태(Sache)임에 틀림없다.

제 5 장

21세기 문화예술시대와 통일사상 : 반 고흐(V.V.Gogh)의 예술세계에 대한 통일사상적 숙고

"형이 그토록 사랑했던 아버지, 성경의 말씀,
불쌍한 사람에 대한 사랑과 연민의 정,
그리고 그의 위대한 그림과 문학적인 소질,
이 모든 것이 증명해주고 있지 않니?
사람들은 형이 위대한 인간이고 위대한 예술가임을
알아주어야 한다고 나는 생각한다.
곧 내가 생각하는 대로 그렇게 될거야.
그리고 사람들은 그의 짧은 인생에 아쉬움을 갖게 될거야."
― 테오가 여동생 리스에게 보낸 편지 중에서 ―

1. 심정문화적 행위에서 고생의 경험(고난)의 힘

우리는 지금까지 통일사상에서 해석하는 심정적 삶과 기술사
태에 대해 살펴보았다. 이러한 이해에 바탕하여 이제 필자는
통일사상에서의 예술론을 이야기하고자 한다. 21세기는 문화
예술의 시대, 문화콘텐츠 혁명의 시대이기에 이러한 작업은
시대적 응답의 의미도 함의하고 있는 중요한 문제일 것이다.
인간은 자신이 처해 있는 삶과 시대의 분위기를 기분으로 감
지하며 살 뿐만 아니라 개념적으로 파악하고자 한다. 이러한
인간의 삶과 시대에 대한 반응은 자신이 몸담고 살아가고 있
는 세계를 낯설지 않게 함과 더불어 자신의 그 세계 안에 있
음(In-der-Welt-sein)의 **의미**를 찾으려는 노력이다. 인간
은 이러한 노력을 통하여 자신이 속한 삶의 세계의 포근함과
따뜻함을 만끽하며 안심하고 살아갈 수 있는 것이다. 이렇듯
인간은 자신이 태어나고 싶은 삶의 세계를 선택할 수는 없지
만 태어난 그 세계 안에서 부단한 학습과 다양한 노력을 통하
여 태어난 그 세계를 바로 자신의 고향의 세계로 가꾸어가게
마련이다. 다시 말해, 자신이 속해 있는 삶의 세계에서 만나는
도구나 사물들 그리고 타인들과의 만남 등의 존재의 사건을
통해 자신의 숨결이 배어있는 익숙한 세계로 만들어간다. 이

렇게 해서 만들어진 세계, 자신이 나름대로 의미부여한 세계
가 바로 **문화세계**라고 할 수 있을 것이다.

그런데 이러한 문화세계는 다양한 분야로 나뉠 수가 있
다. 종교세계, 학문세계, 음악세계, 그림세계 등으로 말이다.
인간은 자신의 소질과 개성에 따라 다양한 문화적 행위를 하
며 자신의 실존세계를 만들어간다. 이러한 실존세계 속에서
우리는 자신의 삶의 의미를 찾고 타인들과 나누는 가운데 풍
성한 삶을 향유할 수 있는 것이다. 이처럼 중요한 문화적 행
위에서 우리가 주목해야 할 사태가 있다. 바로 그 문화적 행
위자의 **삶의 경험** 혹은 **고난의 경험**을 무시할 수 없다는 점이
다. 육체적 고통과 정신적 고난 그리고 다양한 삶의 고단함을
감내해낸 사람의 문화적 행위는 그만의 독특한 세계를 구성하
기 마련이다. 사람의 삶(고난)의 경험은 그 문화적 행위자의
모티브와 주제 구상력 그리고 대상의식과 개성까지도 결정지
을 만큼 중요한 힘으로 작용하게 마련이다.

이러한 관점에서 필자는 삶의 경험, 특히 삶의 태도(고
난의 경험)와 예술행위를 공속(共屬)의 차원에서 보는 통일사
상의 예술론에 기대어 반 고흐의 고난의 삶과 그림의 세계에
투영된 영성에 대해 숙고해 보고자 한다. 특히 통일사상의 예
술 이해를 '심정적 삶의 진리의 작품에로의 건립'[78]이라는 시

각에서 해석하며 그러한 예술 이해가 어떻게 반 고흐의 그림 세계를 통해 잘 드러나고 있는지를 보여주고자 한다. 필자가 통일사상의 예술 이해를 논하는 자리에서 특히 반 고흐를 선택한 것은 반 고흐의 고난의 삶과 예술세계 그리고 그의 종교성이 통일사상의 예술론에서 말하는 창작의 요건 중에 주체의 요건 - 모티브, 구상, 대상의식, 개성 - 을 설명하기에 가장 적합한 예가 될 수 있다는 생각에서이다.

이와 같은 문제의식에 바탕하여 필자는 먼저 통일사상의 예술철학에 대해 살펴보고자 한다. 오늘날과 같은 문화다양성의 시대, (문화)콘텐츠 혁명의 시대에 예술창작과 감상의 철학적 이해를 제시하는 통일사상의 관점에 대해 다시 한 번 숙고해 볼 것이다. 다음으로 그러한 통일사상의 예술철학 특히 창작 주체자의 요건들에 대한 설명에 따라 반 고흐의 고난

---

78) 이러한 시각은 예술의 본질을 "존재자의 진리가 스스로를 작품 안에 정립하는 것(das Sich−ins−Werk−Setzen−der Wahrheit des Seienden)"으로 보는 하이데거의 예술이해에서 아이디어를 얻은 것이다. 하이데거는 진리의 작품에의 성향을 말하며 이러한 진리의 예술작품에로의 성향에 대응하는 인간 측에서의 합당한 관계맺음이 곧 예술가의 창작행위라고 본다. 따라서 예술가의 운명은 진리의 작품에로의 성향을 그 비은폐성의 투쟁사건을 제대로 경험하고 표현하는데 있다고 할 수 있다. M. Heidegger, "Der Ursprung des Kunstwerkes", Holzwege(GA5), Vittorio Klostermann Frankfurt am Main, 1977; M. 하이데거, 「예술작품의 근원」, 『숲길』, 신상희 옮김, 나남, 2008 참조.

의 삶과 그림의 세계에 대해 해석해 보고자 한다. 특히 창작
주체자의 요건 중 모티브, 주제, 대상의식, 개성에 초점을 맞
추어 반 고흐의 작품에 그러한 내용들이 어떻게 구현되어 있
는지를 드러내 보고자 한다. 마지막으로 반 고흐의 고난의 삶
과 그러한 삶 속에서 길어 올린 그림들의 세계에 녹아있는 그
의 종교성과 영성의 의미에 대해 생각해보고자 한다. 이러한
숙고의 작업은 디지털 기술의 현란함과 각종 전자음의 요란함
에 익숙해 있는 우리들의 눈과 귀를 시원(始原)적 자연의 풍경
과 내면의 깊이로 향하게 할 것이다.

2. 통일사상의 예술철학 이해

1) 예술이란 무엇인가

"일반적으로 넓은 의미의 문화는 정치, 경제, 교육, 종교, 사
상, 철학, 과학, 예술 등 모든 인간활동의 총화를 뜻하는 것으
로서, 그 중에서 가장 중심적인 역할을 하는 것이 예술이다.
즉 예술은 문화의 정수(精髓)이다."[79] "예술이란 美를 창조하

거나 감상하는 인간의 활동"[80]을 뜻하는데 통일사상에서는 인간의 창작활동이나 미를 추구하는 활동을 하나님과 인간의 닮음의 원리에 입각하여 설명한다. 다시 말해, 통일사상에서는 하나님이 '사랑을 통해서 기쁨을 얻고자 하는 충동'인 심정이 동기가 되어 인간과 만물을 창조하였다고 본다. 따라서 하나님은 이런 의미에서 위대한 예술가이고, 인간과 만물은 하나님의 작품이다. 하나님은 자신의 성상과 형상을 닮은 대상으로 인간과 만물을 창조하셨는데 여기에는 기쁨과 닮기의 창조성이 배여 있다. "하나님이 자신의 이성성상을 닮도록 형상적 실체대상으로 인간을 지으시고, 상징적 실체대상으로 만물을 지으신 것이다. 이것을 예술론에 적용하면, 창작하는 예술가는 기쁨을 얻기 위하여 자기의 성상과 형상을 닮도록 작품을 만들며, 감상자는 작품을 통하여 자기의 성상과 형상을 상대적으로 느낌으로써 기뻐한다는 논리가 되는 것이다."[81]

모든 존재하는 것들의 관계를 주체와 대상의 관계로서 설명하는 통일사상에서는 아름다움에 대해서도 똑같이 적용한다. 즉 주체(인간)가 대상에게 주는 정적인 힘을 사랑이라

---

79) 『통일사상요강』, 417.
80) 『통일사상요강』, 421.
81) 『통일사상요강』, 420.

보고 대상이 주체에게 돌리는 정적인 자극을 아름다움(美)이
라고 한다. 그런데 대상이 광물이나 식물일 경우 대상으로부
터 인간에게 오는 것은 물질적인 힘이 된다. 이러한 물질적인
힘도 인간이 정적인 자극으로 받아들일 수 있다. 따라서 아름
다움이란 대상이 주체에게 주는 정적인 힘인 동시에 정적인
자극이다라고 정의내릴 수 있다. 그런데 "美는 眞이나 善과
더불어 가치의 하나이므로 이것을 다르게 표현하면 미는 정적
자극으로서 느껴지는 대상가치인 것이다."[82]

이렇듯 인간이 자신의 생활세계에서 접하게 되는 사물
이나 풍경 그리고 사람으로부터 오는 정적 자극을 작품으로
건립하는 예술활동[83]에는 크게 **창작**과 **감상**이라는 두 측면이

---

82) 『통일사상요강』, 422.
83) 이러한 통일사상의 예술 이해는 '사물과 작품', '작품과 진리' 그리고 '진
리와 예술'이라는 테마로 예술의 본질을 밝히는 하이데거의 예술론과 비
교하여 많은 시사점을 줄 수 있다고 여겨진다. 우리의 생활세계적 경험으
로부터 오는 다양한 사물이나 풍경 그리고 사람들로부터 오는 정적 자극
을 작품으로 건립하고자 할 때, 우리는 한 예술가에게 다가오는 사물과
작품의 의미 그리고 작품 속에 담기는 예술가의 개성진리체로서의 (진
리)의식 등의 문제들과 더불어 많은 예술미학적 담론들을 전개할 수 있다
고 본다. 이러한 본격적인 예술철학적 논의에 대한 자세한 사항은 다음을
참조할 수 있다. 이수정, 「하이데거의 예술론」, 『하이데거의 예술철학』,
한국하이데거학회 편, 철학과 현실사, 2002; 이기상, 「존재진리의 발생사
건에서 본 기술과 예술」, 『하이데거의 존재사건학』, 서광사, 2003,
195~250.

있다. 그런데 통일사상에서는 이 창작과 감상이라는 실천활동을 인간의 욕망과 관련하여 설명한다. 다시 말해, 창작은 인간의 가치실현욕에 의한 것이고 감상은 가치추구욕에 근거하여 행해진다고 통일사상에서는 강조한다. 사람은 누구나 진실되게 살고, 선한 행위를 하고, 미를 창조하면서 인류에게 봉사하며 살아가고자 한다. 통일사상에서는 창작행위도 이와 같은 전체목적을 달성하려는 욕망, 즉 가치실현욕에 근거한 행위로 본다. 그런데 또 다른 한편으로 인간은 자기 자신을 위해 살아가는 측면도 있다. 따라서 우리는 일상생활 속에서 접하는 다양한 사물들이나 대상들에서 가치를 발견함으로써 기쁨을 얻고자 한다. 이것이 바로 가치추구욕이다.[84]

하나님의 창조목적에서 유래하는 전체목적과 개체목적은 불가분의 관계이므로 인간의 가치실현욕에 의한 창작과 가치추구욕에 의한 감상이라는 예술행위는 공속의 차원에서 보아야 할 것이다. "창작은 작가가 대상의 입장에서 주체, 즉 하나님과 인류 등 전체를 위하여 가치(美)를 나타내는 행위이며, 감상은 감상자가 주체의 입장에서 대상인 작품으로부터 가치(美)를 향수(享受)하는 행위이다."[85]

---

84) 『통일사상요강』, 425 참조.
85) 『통일사상요강』, 426.

 심정사유의 숲길 : 삶/기술/예술에 대한 통일사상적 숙고

2) 창작의 요건 - 주체의 요건

위에서 살펴본 바와 같이, 통일사상의 예술론은 크게 창작과
감상의 두 측면에서 설명이 이루어지고 있다. 이 중에 필자는
창작의 요건에서 특히 작가, 주체의 요건에 대해 숙고해 보고
자 한다. 작가 주체의 모티브와 주제 구상력, 대상의식과 개
성에 대한 통일사상적 입장을 일별하고 그러한 관점에서 반
고흐의 작가 주체(화가)로서의 제 면모에 대해 고찰해 볼 것
이다.

가) 모티브, 주제, 구상

　　　예술작품은 누가 창작하는 것인가? 작가이다. 예술 창
작자가 예술작품을 창작하는 것이다. 그런데 이러한 창작자의
예술작품 창작에는 창작의 동기, 즉 모티브가 있게 마련이며
이 동기에 따라 작품의 주제와 구상도 달라진다. 통일사상에
서는 이러한 창작자의 창조행위 역시 하나님의 창조과정을
닮아 이루어진다고 보고 하나님의 창조의 과정을 먼저 설명
한다.

　　　하나님의 창조에 있어서, 하나님의 성상 내부에서 심정
을 동기로 한 창조목적이 세워지고 이 창조목적을 중심으로

내적성상(지정의)과 내적형상(관념, 개념, 수리, 법칙 등)이 수수작용을 하여 구상(로고스)이 형성된다. 이러한 구상의 형성과정은 예술가들의 창작과정에도 그대로 적용된다. 즉 예술가는 모티브(목적)을 중심으로 주제를 세우고 그 주제를 실현하는 방향으로 내적성상과 내적형상을 조화시킨다. 이렇게 해서 생성된 것이 바로 구상이다. 이러한 과정은 하나님의 창조에 있어서 내적발전적사위기대 형성에 해당한다.[86]

이를 그림으로 나타내면 다음과 같다.

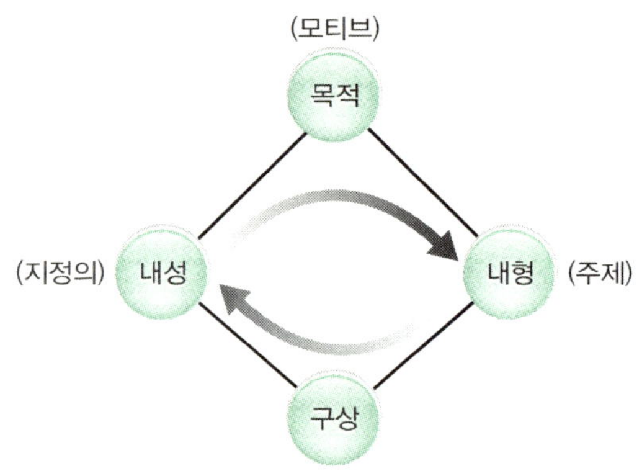

| 창작에 있어서의 내적사위기대의 형성 |

---

86) 『통일사상요강』, 427~428 참조.

나) 대상의식

통일사상의 예술론에서 특이한 점 중 하나가 바로 예술가들이 지녀야 할 마음의 자세, 즉 대상의식에 대한 설명부분이다. "창작이란, 예술가가 하나님이나 전체 앞에 대상의 입장에 서서 미의 가치를 나타냄으로써 주체인 하나님이나 전체(인류, 국가, 민족)를 기쁘게 하는 활동이므로, 작가는 먼저 대상의식이 확립되지 않으면 안 된다. 그것은 최고의 주체인 하나님을 기쁘게 하고 하나님의 영광을 나타내는 자세가 대상의식의 극치이기 때문이다."[87]

이러한 대상의식에 대해 통일사상에서는 다섯 가지로 요약제시하고 있다. 첫째, 예술가는 인류역사를 통해 슬퍼해오신 하나님의 심정을 위로하는 자세를 가져야 한다. 둘째, 예술가는 하나님과 더불어 복귀의 길을 걸으신 예수님을 비롯한 수많은 성인이나 의인들을 위로하는 자세를 가져야 한다. 셋째, 예술가는 과거와 현재의 선한 사람들, 의로운 사람들의 행위를 작품에 표현코자 하는 자세를 가져야 한다. 넷째, 예술가는 다가올 이상세계의 도래를 사람들에게 알리지 않으면 안 된다. 다섯째, 예술가는 자연의 미와 신비를 표현함으로써 창

---

87) 『통일사상요강』, 429~430.

조주이신 하나님을 찬미하는 자세를 가져야 한다. 예술가가 이러한 대상의식을 가지고 창작에 전력을 다할 때, 하나님으로부터의 은혜와 영계로부터의 협조를 받을 수 있으며 여기에서 비로소 참된 예술작품이 생겨난다. 그리고 이러한 참된 예술작품은 예술가와 하나님의 공동작품이 되는 것이다.[88]

다) 개성

예술가뿐만 아니라 모든 인간은 하나님의 개별상을 닮아난 개성진리체이다. 따라서 모든 창작품에는 그 작가의 개성이 드러나기 마련이다. 인간의 개성은 용모상의 개성, 행위상의 개성, 창작상의 개성으로 대개 나타난다. 창작 주체로서의 예술가와 예술작품은 공속(共屬)의 관계를 유지하고 있다고 볼 수 있다.

---

88) 『통일사상요강』, 430~431 참조.

3. 반 고흐의 삶과 그림의 세계

지금까지 우리는 통일사상의 예술철학 중 작가 주체의 요건에 대해 알아보았다. 창작자의 창작의 동기(모티브)와 주제구상 그리고 대상의식 등에 관련된 여러 예술철학적 설명을 일별해 본 셈이다. 이러한 관점에서 필자는 이제 빈센트 반 고흐(V.V. Gogh)의 예술창작자로서의 삶과 주제구상 그리고 대상의식과 개성 등에 대해 숙고해 보고자 한다. 반 고흐의 작품의 모티브와 주제 그리고 화가로서의 삶의 자세 등을 통일사상의 예술 이해에 입각해 살펴봄으로써 우리는 반 고흐 그림 읽기의 새로운 시각을 제시해 볼 수 있을 것이다.

빈센트 반 고흐(V.V. Gogh)는 서른일곱의 젊은 나이에 스스로 삶을 포기하였지만 짧다면 짧은 10년 동안 정열적인 작품 활동을 펼쳐 현대 미술의 기초를 마련하는데 중요한 역할을 하였다. 그는 1853년 네덜란드의 브라반트(Brabant) 지방의 목사 집안에서 장남으로 출생하였다. 그의 집안은 17세기 이후 성직과 예술가의 가계로 유명하며 고흐의 삶에서 동생 테오와의 관계는 절대적이다. 동생 테오는 마치 형을 위해 태어났고, 형을 위해 살았던 사람인 듯하다. 고흐의 명작들이 나올 수 있었던 것도 어찌 보면 테오의 헌신적인 노력이 있었기 때문이다.

고흐는 성실하고 근면한 부친에게 교육을 받았고, 12세에 제벤베르겐(Zevenbergen) 기술학교에서 지냈으며 그다지 공부에는 별다른 관심이 없는 반면 독서와 자연이 변화하는 것을 섬세하게 관찰하며 고독한 생활을 했다. 고흐는 틸부르(Tilburg) 근처에 있는 고등학교에 입학하였으나 갑자기 학업을 중단하고 16세 때 숙부가 경영하는 헤이그 구필(Goupil) 화랑에서 일하게 된다. 그는 광범위한 독서와 미술관의 명화들을 감상하면서 미술에 대한 호기심과 예술적 안목을 고양시켜간다.

1873년 그는 구필 화랑의 런던 지점으로 옮겨와 영국 풍경화가들의 작품을 보며 미술에 더욱 매료되었다. 이곳에서 하숙집 딸 우르쉬라 로이어(U. Loyer)와의 실연으로 깊은 상처를 안고 1875년 파리 지점으로 전근하였으나, 적응을 못하고 부친의 집으로 돌아온다. 그는 진정 자신이 해야 할 일이 무엇인가 고민하다가 부친과 같은 길을 걷고자 하였으나 신학 공부가 부담이 되어 전도사가 되었다.

그리하여 그는 가난한 광부들이 많았던 보리나즈(Borinage) 탄광 지대로 가서 온 정성을 다해 정열적인 전도를 하였다. 비참한 대우를 받는 광부들을 위해 항의를 하는 등 지나친 자기희생과 격정적인 성격으로 인하여 교회당국으로부터 선교 활동을 거부당할 정도였다. 고흐는 인간관계의 실패와 좌절을 경험하였고 이때마다 동생 테오의 정신적인 격려와 경제적인 후원을 받아 드디어 1880년 예술가의 길에 들어선다.[89]

1) 〈감자 먹는 사람들〉 : 가난과 고난의 삶을 함께함

〈누에넨, 1885.4, 캔버스에 유채, 81.5×114.5 암스테르담,
빈센트 반 고흐 국립미술관〉

89) 정금희, 『이야기 근대미술사』, 집사재, 2001, 198~199 참조.

그런데 이러한 예술가(화가)로서의 자신의 정체성을 형성하기까지 반 고흐는 숱한 고민과 방황을 거듭하였다. 짙은 외로움과 사랑의 결핍 그리고 주위 사람들로부터 느끼는 소외감속에서 그는 인간의 근원적인 고뇌를 그리고 싶은 충동을 많이 느꼈다. 반 고흐는 자신이 27세 되던 때, 자신의 심장 한가운데서 울려나오는 성령의 소리를 들었다고 한다. 바로 화가의 길을 통해 하나님을 만나고 그의 뜻을 알게 될 것이라는 소리를 들은 것이다. 이때부터 고흐에게 그림 그리는 일은 자신에게는 성직의 일과 같은 의미를 지니는 것으로 여겨졌던 것 같다. 실제 아버지의 목회일을 도와 전도사의 일을 하기도 했던 그는 보리나주 시절 그곳 시골사람들의 단순소박한 삶의 세계를 담아내는 그림을 많이 그렸다. 따라서 그의 그림에서 그 주요 모티브와 주제 중 하나가 바로 자연과 그 속에서의 순박한 농촌 사람들이 된 것이다. 반 고흐는 왜 이러한 풍경에서 하나님의 뜻과 성령의 충만함을 보았던 것일까? 필자는 이러한 그림에서 반 고흐의 화가로서의 주체적 요건, 즉 주제의식과 대상의식 그리고 개성 등을 진하게 확인할 수 있다고 생각한다. 여기 〈감자 먹는 사람들〉을 보며 좀 더 생각해 보기로 하자.

하루의 고된 일을 마치고 온 가족이 희미한 등불 밑에

옹기종기 모여 앉아 저녁식사를 하고 있다. 희미한 등불은 하나님의 사랑이 듬뿍 담긴 성령의 축복인 양 어두운 방을 밝혀 주고 있다. 대대로 이어받은 생명의 터전인 그 땅에 자신들의 손으로 심어 자신들의 손으로 거둬들인 감자를 먹고 있다. 그것은 그들의 노력으로 얻어진 자연 그대로의 완전한 것이다. 그러기에 그것은 주님이 손수 주신 축복의 양식이기도 하다. 그것을 먹고 있는 그 얼굴 하나하나에 하나님과 축복받은 인간의 얼굴을 그려본다. 그 얼굴 안에는 자연의 섭리, 인간의 순수함과 순박함, 그리고 주님의 성령의 은총이 함께 하고 있다.[90]

반 고흐는 보리나주 시절 아버지가 목회를 하고 있을 때 함께 하며 전도사의 일을 하였는데, 거기서 탄광지대의 가난한 광부들, 농부들과 함께 하며 붓 끝에 묻어나는 짙은 흙냄새를 담은 그림을 많이 그렸다. 이 〈감자 먹는 사람들〉이 대표적인 그림이다. 이 그림에서 우리가 알 수 있듯이 가난하고 고된 삶을 하루하루 살아가지만 그 단순소박한 삶, 순수하고 정직한 삶 속에 늘 함께하시는 하나님의 은총을 반 고흐는 감지한 것이다. 세상의 돈과 권력의 논리에 밝고 재빠르게, 자기

---

90) 민길호, 『빈센트 반 고흐, 내 영혼의 자서전』, 학고재, 2008, 73 참조.

살 길을 도모하는 이들의 눈에는 전혀 매력이 없는 이 그림을 그리고 난 후 반 고흐는 왜 그렇게 만족해했을까. 여기에서 우리는 앞서 살펴보았던 통일사상의 예술론에서 말하는 주체의 요건, 좀더 구체적으로 예술가의 대상의식과 개성 등에 대한 내용을 다시 한 번 떠올려 보게 된다. 반 고흐의 화가로서의 개성과 작품의 모티브, 주제, 구상 등에 대해서도 말이다.

2) 〈성경이 있는 정물화〉 : 人生, 성속(聖俗)의 긴장

〈누에넨, 1885.4, 캔버스에 유채, 65×78, 암스테르담,
빈센트 반 고흐 국립미술관〉

또 다른 그림을 보며 반 고흐의 화가 주체로서의 여러 면에 대해 생각해 보기로 하자. 〈성경이 있는 정물화〉라는 그림을 보자. 반 고흐의 아버지가 쓰시던 커다란 성경책, 〈이사야서〉의 한 부분이 펼쳐져 있다. 그 옆에 놓인 노란색의 조그마한 책, 졸라의 〈산다는 것의 즐거움〉이란 제목이 보인다. 그리고 그 큰 성경책 오른쪽에 놓은 촛대는 꺼져 있다. 아버지가 걸어가신 성직자의 길, 그 길의 흔적이 성경책 속에 남아 있다. 우리 모두가 가고 싶은 길, 즐거운 인생의 길, 그 노란 졸라의 책이 말하고 있다. 하나님이 안내하시는 숭고하고 영원한 길, 인간들이 추구하는 쾌락의 인생 길. 이 그림에 대해 반 고흐는 이런 생각과 말을 하고 있는 것 같다.[91] "아버지는 하나님의 길을 걷다 그분을 만나러 이곳을 떠나셨다. 저는 인생의 즐거움을 찾으러 이곳을 떠납니다."

현대철학의 거장, 마르틴 하이데거는 인간 현존재(Dasein)들은 모두 저마다의 현사실적인 삶의 길을 가고 있다고 말한 적이 있다. 그리고 그의 대표저서인 『존재와 시간』에서는 본래성과 비본래성, 일상성과 결단성 사이에서 염려하며 살아가게 마련인 존재가 바로 인간이라고 말한 적이 있다.[92] 반 고

---

91) 민길호, 『빈센트 반 고흐, 내 영혼의 자서전』, 78~79 참조.
92) 마르틴 하이데거, 『존재와 시간』, 이기상 옮김, 까치, 1998 참조.

흐 역시 목사인 아버지의 삶을 보며 혼자 속으로 이렇게 생각한 것은 아닐까. 그의 내면의 무엇이 반 고흐로 하여금 아버지와 같은 목회의 길이 아닌 화가의 길로 가게 했던 것일까. 반 고흐는 왜 화가의 길이 하나님이 정해 주신 길이라고 결단했던 것일까. 성경의 진리와 단순소박한 삶 속에서의 영성의 힘을 설교가 아닌 그림으로 표현해내는 소질을 주신 하나님께 응답한 것일까. 하나님의 은총과 성령의 충만을 가난한 이들의 삶 속에서 체휼한 반 고흐는 마침내 큰 깨달음의 문으로 들어선다. 비움과 나눔의 문 말이다. 그러한 마음의 자세를 형상화한 것이 바로 그림 〈의자〉가 아닐까.

3) 〈빈 센트의 의자〉: 비움과 나눔의 영성

〈아를, 1889.9, 캔버스에 유채, 9 런던, 내셔널 갤러리〉

노란색의 소박한 의자가 우리를 향하여 외롭게 놓여 있다. 소박하지만 견실한 풍채를 잃지 않고 있다. 끈으로 엮어 짠 방석 위에 파이프와 그것을 채워줄 엽연초가 하얀 천에 싸여 있다. 그 흰색이 모든 것을 잊은 듯한 초연함을 보인다. 오렌지색과 흙색으로 된 네모 무늬의 바닥은 의자와 더불어 소박한 분위기를 더해준다. 왼편 위쪽에 나무로 만든 조그마한 화분에 양파가 파란 싹을 보이고 있다. 작지만 끈질긴 생명력을 보여주고 있는 듯 하다. 폭풍이 지나간 후에도 살아남은 생명같이 고귀해 보인다. 그것은 고통 속에서도 솟아나는 희망의 싹일 것이다. 그 희망의 싹은 상처입은 우리의 가슴 속에서도 솟아나고 있다. 마룻바닥의 오렌지색은 반 고흐가 태어나고 자라난 자연의 땅 자체를 상징한다. 그리고 푸른 기운이 감도는 연녹색 벽은 우주이자 하늘을 상징한다. 주님이 창조한 그 대지와 하늘 아래서 소박하고 진실하게 살아가려는 반 고흐의 외로운 모습을 표현하고 있다. 그래도 반 고흐는 희망을 잃지 않고 새로운 삶에 대한 의지를 불태우고 있는 듯 하다. 새로운 싹이 트는 화분에 빈센트라고 서명한 것을 보면.[93]

---

93) 민길호, 『빈센트 반 고흐, 내 영혼의 자서전』, 2008, 207~208 참조.

사람은 그 사람이 같이 지내는 사람들과 주위에 있는 사물이나 도구들을 통해 그 됨됨이와 품성이 드러나기 마련이다. 반 고흐가 같이 있었던 가난하고 순수한 사람들 그리고 소박한 자신의 방. 그 속에 있는 의자. 그 의자를 자신의 작품의 대상으로 삼은 것이다. 누구에게 잘 보이려는 의도나 자신이 드러나고자 하는 욕심이 없다. 그저 단순소박한 자신의 삶에 만족하고 그 충전되어 있는 내면에서 솟아나는 맑고 향기로운 마음의 힘으로 주위를 둘러본다. 내가 자리(의자)를 마련해주어야 할 더 가난하고 힘겨운 사람은 없는지 하는 생각으로. 자기 비움과 나눔의 영성은 통일사상에서 말하는 심정(心情)의 본질성격에 가장 가깝지 않은가. 온정을 베풀어 사랑하면서 기뻐하려는 억제할 수 없는 마음의 충동, 심정의 힘은 진리와 더불어 많은 사람들과 그 (진리의) 내용을 나누려는 삶에로 가게 할 것이다. 우리는 온유겸손한 자세로 지금의 나의 자리(의자)에 연연하지 않은 채, 주어진 그 길을 자연스럽게 따라가면 될 것이다. 그 길 위에서 하늘을 보라. 자신의 현사실적 삶의 무늬에 맞갖는 존재의 별이 빛나고 있을 것이다.

4) 〈별이 빛나는 밤〉 : 하나님을 향한 슬픈 영혼

〈생레미, 1889.6, 캔버스에 유채, 73.7×92.1, 뉴욕, 현대미술관〉

6월의 밤하늘을 해와 달, 별과 구름이 온 천지를 화려
하게 수놓으며 진동하고 있다. 해와 달이 서로 만나 하나가
되어 노란색의 찬란한 빛무리를 이루고 있다. 하늘에서 만들
어진 큰 무리의 구름이 땅에서 소용돌이가 되어 올라온 구름
과 서로 엉키면서 하나를 이루려 하고 있다. 그것은 하늘의
축복받은 영혼과 땅 위의 착한 영혼이 하나를 이루는 극적인
순간이다. 그들의 하나됨을 축복하여 열한 개의 별들이 원형

의 빛무리를 이루며 온 밤하늘을 밝히고 있다. 하늘을 진동하
는 휘황찬란한 빛 아래 생레미 마을의 밤은 깊어가고 있다.
하늘의 진동에는 관심 없는 듯, 노란 불빛만 무심하게 창문으
로 흘러나오고 있다. 마을 한 가운데 교회 탑이 하늘을 찌를
듯 하다. 교회에 모인 사람들은 하나님의 계시 따위에는 관심
이 없는 듯 하다. 오직 하늘을 찌를 듯한 욕심과 위선만이 가
득하다. 마을 왼편에 커다란 사이프러스나무 한 그루가 그 하
늘의 진동에 미친 듯 손짓하며 하늘로 치솟고 있다. 피를 토
하며 절규하고 있는 듯 하다. 그 검은 절규는 거의 하늘 끝까
지 이어지고 있다. 흰 빛무리를 이루고 있는 큰 별 하나가 절
규하는 사이프러스나무 옆으로 다가오며 밝은 빛을 비추고 있
다. 그 흰빛은 사이프러스나무의 애절한 외침에 안타까워 흘
리는 큰 별의 눈물인지도 모른다. 6월의 밤하늘에서 이루어질
수 없는 것들의 화합이 이루어지는 가운데 반 고흐의 절규만
이 메아리치고 있는 듯 하다.[94]

　　반 고흐는 생레미 시절 6월의 밤하늘을 왜 이렇게 묘사
했을까. 그리고 왜 그토록 절규를 했을까. 절규라는 행위는 언
제 어떻게 해서 나오는 행위인가. 자신이 원하고 바라는 대로

---

94) 『빈센트 반 고흐, 내 영혼의 자서전』, 227 참조.

일이 풀리지 않거나 어떤 거대한 힘에 부딪쳐 자신의 의지가 강제로 꺾이거나 포기해야만 할 때, 우리는 자신의 내면에서 끓어오르는 어떤 소용돌이를 느끼게 된다. 그러한 내면의 소용돌이와 절규의 순간이 많아서 그랬을까. 반 고흐는 유난히 자신의 자화상을 많이 그렸다. 자화상을 많이 그린다는 것은 자신의 정체성과 가고 있는 길에 대해 끊임없이 확인하고자 하는 의지의 표현일 것이다. 가난하고 고단한 삶 속에서, 자신의 육체적 고통(병마)을 끊임없이 의식하는 세월 속에서 반 고흐는 그림을 통해 자기 자신을 대자적으로 반성해 온 것이다.

4. 고흐의 〈자화상〉에서 읽어내는 고난의 삶과 영성

지금까지 우리는 반 고흐의 고난의 삶과 그림 속에 나타난 자연과 예술이해의 다양한 측면을 살펴봄으로써 그의 영성과 종교성에 대한 생각의 일단을 일별해 보았다. 우리가 고난의 삶에 대해 생각해 보는 것은 무엇 때문인가? 우리는 왜 우리가 겪는 고생과 고난의 의미에 대해 의식적으로 반성해 보고자 하는가? 통일사상의 창시자, 문선명 선생은 우리가 겪는 고생

(고난)의 의미에 대해 다음과 같이 말한 적이 있다. "고생하는 것은 그 자리(지위, 위치)를 확보하는 것이다."[95], "고생(苦生) ▶고생(固生) ▶고생(高生)"[96]

통일사상에 의하면 인간을 비롯한 모든 자연만물은 성장기간을 통하여, 다시 말해 시간적 과정을 통하여 완성하게 되어있다. 자연만물은 생명의 자율성에 의해 성장하지만 인간은 자신의 책임분담 완수를 통하여 완성하게 된다. 그런데 여기서 말하는 책임분담 완수란 자신의 영인체의 완성 혹은 인격의 완성을 뜻하는 것으로서 심정교육, 규범교육 그리고 주관교육을 통한 전인적인 성장과 발전을 의미하는 것이다. 따라서 이러한 성장과 발전을 통해 하나님의 뜻을 헤아리는 마음의 그릇을 키우고 사랑과 봉사를 통해 사회에 기여하는 삶을 사는 것이 바로 하나님의 창조목적을 이루는 삶인 것이다. 그런데 이러한 하나님의 창조목적을 완성하는 일이 사실은 쉽지만은 않은 일로서 사실 우리들 개개인에게는 고생과 고난의 과정을 요구하는 일이기도 하다. 우리는 이러한 고생(고난)을 통하여 각자 자신의 삶의 자리(지위, 위치)를 확보하게 되는

---

95) 세계평화통일가정연합, 「뜻길」, 『축복가정과 이상천국1』, 성화사, 1998, 151.
96) 세계평화통일가정연합, 「뜻길」, 152.

것이며 고생의 의미를 승화시키는 지혜를 통하여 결국엔 높고 아름다운 삶(高生)을 꽃피울 수 있는 법이다. 그리고 그러한 높고 아름다운 삶의 흔적은 고스란히 우리들의 얼굴에 배이게 된다. 여기서 우리는 얼굴의 의미를 다시 되새기게 된다. 반 고흐가 자신의 자화상을 많이 그린 것도 이런 얼굴의 의미를 되새기려는 의도에서가 아닐까.

여기 일본의 승려같이 머리를 짧게 깎은 반 고흐의 〈자화상〉을 보며 생각해 보자. 깊게 팬 눈 속에서 선명하게 반짝

이며 저 먼 곳을 향하고 있는 눈동자는 이미 이 세상의 속된 것을 바라보는 눈동자가 아니다. 그 먼 곳에서 자신에게 자비를 베푸시는 부처님을 동경하는 엄숙한 불자의 눈동자이다. 굳게 다문 붉은 윗입술에 짧게 깎은 콧수염과 턱수염이 그 엄숙함과 진지함을 한층 더해준다. 옷은 승려의 승복 같은 느낌을 주기 위해 검붉은 밤색에 옷 가장자리를 보라색 테두리로 둘렀다. 목에 걸고 있는 목걸이는 자신이 진실한 불자임을 나타내는 징표이다. 뒷배경은 보다 성스러운 불자의 모습을 드러내기 위해 얼굴을 중심으로 비취색 붓질로 원형을 만들어나갔다. 그 위에 고갱에게 헌납한다고 붉은색으로 쓰고 빈센트라 서명해 놓았다.**97)**

그림을 통해서만 말할 수 있는 사람, 반 고흐는 평생 가난하고 고단한 삶을 살며 단순소박한 것들을 사랑하며 그러한 사랑 속에서 자신의 고독과 타인에 대한 사랑을 그림으로 승화시켜내며 살았던 것이다. 우리에게 마지막 작품으로 알려진 〈까마귀가 나는 밀밭〉을 그린 후 반 고흐는 자신의 고난의 삶과 신앙생활 그리고 예술의 의미에 대해 다음과 같이 읊조리며 죽음의 길을 택하지 않았을까.

---

97) 민길호, 『빈센트 반 고흐, 내 영혼의 자서전』, 175 참조.

"제 영혼은 슬픈 영혼이었습니다. 그러기에 육신도 슬프고 고통스러울 수밖에 없었습니다. 그러나 불행한 영혼은 아니었습니다. 항상 하나님을 생각하고 아름다움을 창조하고 싶어하는 그러한 영혼이었습니다. 그 슬픈 영혼은 고통 속에 헤매는 육신과 그래도 한 몸을 이루고 후회 없이 씩씩하게 살려고 노력했습니다. 그러나 악마의 저주는 끝내 육신을 지배하여 거기에 영혼이 더 이상 머무르는 것을 허락하지 않으려 하고 있습니다. 육신의 고통과 애타는 울부짖음에 이 불쌍한 영혼은 더 이상 참을 수가 없습니다. 악마가 지배하는 병든 육신을 처부숴버리지 않을 수가 없습니다. 그렇지 않으면 그 불쌍한 영혼마저도 악마의 소유가 될 수 있기 때문입니다."[98]

자신에게 주어진 하나님의 뜻을 그림으로 나타내고자 했던 반 고흐! 그러한 그에게 느껴졌던 예술의 의미를 통일사상의 예술론 – 작가(화가)로서 그가 지닌 작품 모티브와 주제 그리고 대상의식과 개성의 문제 등 – 의 시각으로 반성하는 일은 21세기 문화콘텐츠 혁명의 시대에 작품(콘텐츠) 창작과 감상에 대한 새로운 이해의 지평을 여는데 기여하는 고민일 것이다.

---

98) 민길호, 『빈센트 반 고흐, 내 영혼의 자서전』, 283~284.

도움 받은 글들

A. 문선명 선생 말씀과 통일사상 관련 저서

문선명, 「체휼신앙의 중요성」, 『문선명선생말씀선집 40』, 서울: 성화사, 1971.

_____, 「오늘의 지성인과 종교」, 『문선명선생말씀선집 114』, 서울: 성화사, 1981.

_____, 「절대적 가치관」, 『문선명선생말씀선집 122』, 서울: 성화사, 1982.

_____, 「참 심정혁명과 참해방—석방 시대 개문」, 2004 세계문화체육대전 폐회축하만찬 시 창시자 연설문. 2004. 7. 26

세계평화통일가정연합, 『원리강론』, 서울: 성화사, 2001.

선문대학교/통일사상연구원, 『통일사상요강(頭翼思想)』, 천안: 선문대학교 출판부, 2007.

세계평화통일가정연합, 『축복가정과 이상천국 I』, 서울: 성화사, 1998.

세계평화통일가정연합, 『平和訓經』, 서울: 성화사, 2007.

B. 하이데거의 저서

Sein und Zeit(GA2) Vittorio Klostermann Frankfurt a. M., 1977.(『존재와 시간』, 이기상 옮김, 까치, 1998).

「Nietzsches Wort "Gott ist tot"("신은 죽었다"라는 니체의 말)」, Holzwege(GA5), Klostermann: Frankfurt a.M., 1977.

「Die Zeit des Weltbildes(세계상의 시대)」, Holzwege(GA5), lostermann: Frankfurt a. M., 1977.

「Moira(Parmenides, Fragment VIII 34−41)」, Vorträge und Auf−sätze(GA7), Neske Pfullingen, 1978.

「Überwindung der Metaphysik(형이상학의 극복)」, Vorträge und Aufsätze (GA7), Neske: Pfullingen, 1978.

「Das Ding(사물)」, Vorträge und Aufsätze(GA7), Neske: Pfullingen, 1978.

「Was heiβt Denken?(사유란 무엇을 말하는가?)」, Vorträge und Auf−sätze(GA7), Neske: Pfullingen, 1978.

「Bauen Wohnen Denken(건축 거주 사유)」, Vorträge und Aufsätze (GA7), Neske: Pfullingen, 1978.

「Was ist Metaphysik?」, Wegmarken(GA9), Vittorio Klostermann Frankfurt am Main, 1976.(『형이상학이란 무엇인가』, 이기상 옮김, 서광사, 1995).

「Brief über den Humanismus(인문주의에 대한 서한)」, Wegmarken (GA9), Klostermann: Frankfurt a.M., 1967.

「Die Onto−Theo−Logische Verfassung der Metaphysik」, Identität und Differenz(GA11), Neske Pfullingen, 1978.

「Das Ende der Philosophie und die Aufgabe des Denkens(철학의 종말과 사유의 과제)」, Zur Sache des Denkens(GA14), Max Niemeyer Verlag Tuebingen, 1976.

Die Grundbegriffe der Metaphysik(Welt − Endlichkeit − Einsamkeit, GA29/30), Klostermann: Frankfurt a.M., 1983. (『형이상학의 근본 개념들. 세계−유한성−고독』, 이기상 옮김, 까치글방, 2001).

Einführung in die Metaphysik(GA40), Vittorio Klostermann Frankfurt am Main, 1983.(『형이상학 입문』, 박휘근 옮김, 문예출판사, 1994).

Die Technik und die Kehre, Neske: Pfullingen, 1962.(『기술과 전향』, 이기상 옮김, 서광사 1993).

Gelassenheit, Neske: Pfullingen, 1977.
「Einleitung in die Phänomenologie der Religion(종교현상학 입문)」, Phänomenologie des Religiösen Lebens(GA60). Vittorio Klostermann Frankfurt am Main, 1995.

C. 단행본(가나다 순)

구연상, 『공포와 두려움 그리고 불안』, 청계, 2002.

K. 부흐텔, 『철학과 종교(현대의 종교철학적 논쟁)』, 이기상 옮김, 서울: 서광사, 1988.

R. 비서, 『하이데거 사유의 도상에서』, 강학순/김재철 옮김, 서울: 철학과 현실사, 2000.

M. 융, Das Denken des Seins und der Glaube an Gott(Zum Verhältnis von Pholosophie und Theologie bei Martin Heidegger), Wuerzburg: Königshausen und Neumann, 1990.

신상희, 『하이데거와 신』, 철학과 현실사, 2008.

이기상/구연상, 『〈존재와 시간〉 용어 해설』, 서울: 까치, 1998.

이기상, 『하이데거의 실존과 언어』, 서울: 문예출판사, 1991.

______, 『하이데거의 존재와 현상』, 서울: 문예출판사, 1992.

______, 『하이데거의 존재사건학(존재 진리의 발생 사건과 인간의 응답)』, 서광사, 2003.

______, 『존재와 시간(인간은 죽음을 향한 존재』, 서울: 살림, 2006.

______, 『다석과 함께 여는 우리말 철학』, 서울: 지식산업사, 2004.

______, 『쉽게 풀어 쓴 하이데거의 생애와 사상 그리고 그 영향』, 서울: 누멘, 2010.

조형국, 『하이데거의 삶의 해석학』, 서울: 채륜, 2009.

______, 『하이데거의 철학 읽기: 일상/기술/무의 사건)』, 목포: 누미노제, 2010.

하인리히 오트, 『사유와 존재(마르틴 하이데거의 길과 신학의 길)』, 김광식 역, 서울: 연세대학교 출판부, 1985.

D. 논문류

구연상, 「기술시대의 근본 기분(하이데거의 기술 강연을 중심으로)」, 『철학과 현상학 연구』(제19호), 한국현상학회, 2002 가을.

김성철, 「무란 무엇인가?」, 우리사상연구소 엮음, 『우리말 철학사전2(생명 · 상징 · 예술)』, 지식산업사, 2002.

김재철, 「하이데거 종교 현상학」, 『인문학 연구』(제5집), 한국외대 외국학종합연구센터 인문과학연구소, 2000.

박인철, 「기술시대와 사랑의 윤리학」, 『기술시대와 현상학(실천철학으로서의 현상학의 가능성)』, 경희대학교 출판국, 2005.

박희영, 「철학과 문화」, 한국외국어대학교 인문과학연구소 편, 『현대사회와 철학교육』, 대구: 이문, 1993.

박희영, 「종교란 무엇인가?」(고대 신화와 의식에 대한 분석을 중심으로), 『외대사학』(제10집) 한국외국어대학교 외국학종합연구센터 역사문화연구소, 1999. 8.

박일영, 「종교」, 우리사상연구소 엮음, 『우리말 철학사전2(생명 · 상징 · 예술)』, 지식산업사, 2002.

이기상, 「하이데거의 형이상학 이해—형이상학은 인간 현존재에서의 근본 사건」, 『형이상학이란 무엇인가』, 이기상 옮김, 서광사, 1995.

______, 「하이데거에서의 일상의 의미」(일상과 과학, 실존과 탈존), 일주아트하우스『예술가를 위한 철학 강의 '일상의 미학'』, 2001. 9. 8.

______, 「존재에서 성스러움에로! 21세기를 위한 대안적 사상 모색」(하이데거의 철학과 류영모 사상에 대한 비교연구), 한국해석학회 편, 『인문학과 해석학』(해석학연구 제8집), 철학과 현실사, 2001.

정세근, 「무의 감응」, 한국도가철학회 엮음, 『노자에서 데리다까지(도가 철학과 서양 철학의 만남)』, 예문서원, 2001.